Fit for Future

Die Zukunft wird massive Veränderungen im Arbeits- und Privatleben mit sich bringen. Tendenzen gehen sogar dahin, dass die klassische Teilung zwischen Arbeitszeit und Freizeit nicht mehr gelingen wird. Eine neue Zeit – die sogenannte „Lebenszeit" – beginnt. Laut Bundesregierung werden in den nächsten Jahren viele Berufe einen tiefgreifenden Wandel erleben und in ihrer derzeitigen Form nicht mehr existieren. Im Gegenzug wird es neue Berufe geben, von denen wir heute noch nicht wissen, wie diese aussehen oder welche Tätigkeiten diese beinhalten werden. Betriebsökonomen schildern mögliche Szenarien, dass eine stetig steigende Anzahl an Arbeitsplätzen durch Digitalisierung und Robotisierung gefährdet sind. Die Reihe „Fit for future" beschäftigt sich eingehend mit dieser Thematik und bringt zum Ausdruck, wie wichtig es ist, sich diesen neuen Rahmenbedingungen am Markt anzupassen, flexibel zu sein, seine Kompetenzen zu stärken und „Fit for future" zu werden. Der Initiator der Buchreihe Peter Buchenau lädt hierzu namhafte Experten ein, ihren Erfahrungsschatz auf Papier zu bringen und zu schildern, welche Kompetenzen es brauchen wird, um auch künftig erfolgreich am Markt zu agieren. Ein Buch von der Praxis für die Praxis, von Profis für Profis. Leser und Leserinnen erhalten „einen Blick in die Zukunft" und die Möglichkeit, ihre berufliche Entwicklung rechtzeitig mitzugestalten.

Anna Karina Cassinelli Vulcano

Resilienzprinzipien für Selbstständige und Unternehmer:innen

Anna Karina Cassinelli Vulcano
AK-demia
Freudenstadt, Deutschland

ISSN 2730-6941　　　　　　　　ISSN 2730-695X (electronic)
Fit for Future
ISBN 978-3-658-48006-6　　　　ISBN 978-3-658-48007-3 (eBook)
https://doi.org/10.1007/978-3-658-48007-3

Die Deutsche Nationalbibliothek verzeichnet diese Publikation in der Deutschen Nationalbibliografie; detaillierte bibliografische Daten sind im Internet über https://portal.dnb.de abrufbar.

© Der/die Herausgeber bzw. der/die Autor(en), exklusiv lizenziert an Springer Fachmedien Wiesbaden GmbH, ein Teil von Springer Nature 2025

Das Werk einschließlich aller seiner Teile ist urheberrechtlich geschützt. Jede Verwertung, die nicht ausdrücklich vom Urheberrechtsgesetz zugelassen ist, bedarf der vorherigen Zustimmung des Verlags. Das gilt insbesondere für Vervielfältigungen, Bearbeitungen, Mikroverfilmungen und die Einspeicherung und Verarbeitung in elektronischen Systemen.
Die Wiedergabe von allgemein beschreibenden Bezeichnungen, Marken, Unternehmensnamen etc. in diesem Werk bedeutet nicht, dass diese frei durch jede Person benutzt werden dürfen. Die Berechtigung zur Benutzung unterliegt, auch ohne gesonderten Hinweis hierzu, den Regeln des Markenrechts. Die Rechte des/der jeweiligen Zeicheninhaber*in sind zu beachten.
Der Verlag, die Autor*innen und die Herausgeber*innen gehen davon aus, dass die Angaben und Informationen in diesem Werk zum Zeitpunkt der Veröffentlichung vollständig und korrekt sind. Weder der Verlag noch die Autor*innen oder die Herausgeber*innen übernehmen, ausdrücklich oder implizit, Gewähr für den Inhalt des Werkes, etwaige Fehler oder Äußerungen. Der Verlag bleibt im Hinblick auf geografische Zuordnungen und Gebietsbezeichnungen in veröffentlichten Karten und Institutionsadressen neutral.

Springer Gabler ist ein Imprint der eingetragenen Gesellschaft Springer Fachmedien Wiesbaden GmbH und ist ein Teil von Springer Nature.
Die Anschrift der Gesellschaft ist: Abraham-Lincoln-Str. 46, 65189 Wiesbaden, Germany

Wenn Sie dieses Produkt entsorgen, geben Sie das Papier bitte zum Recycling.

Dieses Buch ist all jenen gewidmet, die den Mut haben, ihren Lebensvisionen und Lebensträumen zu folgen. Allen, die immer wieder aufstehen und sich mit Entschlossenheit und Freude neu ausrichten.

An wen richtet sich dieses Buch noch und wem widme ich dieses Buch besonders?

An die alleinerziehenden Eltern, die trotz aller Widrigkeiten ein eigenes Business aufbauen und ihre Familien versorgen. An diejenigen, die den sicheren Job verlassen, um ihre Träume zu verfolgen und sich in die Selbstständigkeit wagen. An die unermüdlichen Verkäufer in den ärmsten Regionen der Welt, die jeden Tag alles geben, um ihre Familien zu ernähren. Es ist auch für die Visionäre und Risikofreudigen unter uns, die als Millionäre neue Geschäftsfelder erschließen, Arbeitsplätze schaffen und durch ihren Beitrag die Wirtschaft und die Welt unterstützen. An die jungen Unternehmerinnen und Unternehmer, die frischen Wind in die Geschäftswelt bringen und mit innovativen Ideen unsere Zukunft gestalten. Besonders gewidmet ist es den Machern und Visionären, die uns zeigen, dass man wohlhabend und erfolgreich sein und gleichzeitig Verantwortung für soziale und globale Herausforderungen übernehmen kann, indem sie mit ihrem

Geld Gutes bewirken und unsere Welt zum Positiven formen. An die engagierten Networker, die Menschen zusammenbringen und wertvolle Verbindungen schaffen, an die Betreiber von Online-Geschäften und automatisierten Systemen mit KI, an die Immobilienbesitzer, die Wohnraum zur Verfügung stellen und an alle, die handeln und arbeiten mit einer Einstellung des Fortschritts für sich selbst, andere und die Welt. Dieses Buch richtet sich sowohl an Wissenschaftler, Rationalisten und Pragmatiker, die klare Strukturen und eine methodische Herangehensweise schätzen, als auch an hochspirituelle Menschen oder Menschen in sozialen Berufen, die von einem starken Drang zu helfen motiviert sind.
Dieses Buch widme ich also Unternehmer:innen, Selbstständigen und allen, die in ihren beruflichen und persönlichen Rollen radikale Eigenverantwortung übernehmen. An diejenigen, die nach vorne blicken, sich den Fakten und Herausforderungen stellen und trotzdem daran glauben, dass alles möglich ist.

Die Welt braucht Menschen wie Dich

Möge dieses Buch Dich inspirieren, Dein inneres Potenzial zu entfalten, Deine beruflichen Möglichkeiten zu erweitern und durch Deine Arbeit und Visionen wertvolle Spuren in der Welt zu hinterlassen. Die Welt braucht erfolgreiche, glückliche Menschen, die Wohlstand als Geburtsrecht leben und die eine Welt des Wohlstands fördern. Danke, dass Du dazu beiträgst. Werde oder bleibe erfolgreich, folge Deiner Lebensvision und stärke diese Welt in ihrer Fülle. Dieses Buch ist Dir gewidmet – Du bist der Schlüssel zur Veränderung in dieser Welt. Das Leben ist Fülle, die Welt ist Fülle, Du bist Fülle. Mögest Du Dein Potenzial entfalten, Dein Licht leuchten lassen und die Welt durch Deine Kraft und Visionen bereichern. Sei erfolgreich, glücklich und erfüllt.

Vorwort

Willkommen zu Ihrem Buch Resilienzprinzipien für Selbstständige und Unternehmer:innen. Ursprünglich war der Titel „Die unerschütterliche Eiche", doch da nicht jeder diese Symbolik unmittelbar mit Unternehmertum in Verbindung bringt, habe ich mich schließlich für einen klareren Titel entschieden. Dennoch bleibt die Eiche – ihre Symbolkraft, ihre Stärke und Verwurzelung – ein zentraler Bestandteil dieses Buches. Ebenso finden sich Metaphern und Bilder wie die Stolpersteine, die den Weg eines jeden Unternehmers begleiten. Dieses Buch ist keine trockene Abhandlung, sondern eine lebendige Lektüre voller Symbolik, Tiefe und Kraft. Es ist mir eine große Freude und Ehre, Sie auf Ihrer Reise zu begleiten, in der Sie Ihre wahre Stärke entdecken und Ihr Leben in den Prinzipien der Resilienz fest verankern. So können auch Sie Ihre Lebensträume, beruflichen Visionen, und beruflichen Everest-Ziele verwirklichen, um ein erfülltes, kraftvolles Leben zu führen.

Stellen Sie sich also eine starke Eiche vor, die fest im Boden verankert ist und Wind und Wetter standhält. Was auf den ersten Blick robust und unerschütterlich erscheint, wird von einem komplexen Netzwerk von Wurzeln und unsichtbaren Strukturen gestützt. Diese sorgen dafür, dass die

Eiche selbst unter komplexen Bedingungen stark und gesund gedeiht.

So ist es auch im Unternehmertum. Die sichtbaren Erfolge, Leistungen und die Ausstrahlung eines Unternehmers werden von seinen Prinzipien der Resilienz wie von Wurzeln getragen. Diese Prinzipien wie Flexibilität, Durchhaltevermögen, proaktives Handeln, Lernbereitschaft und eine positive Einstellung ermöglichen es Ihnen, trotz Rückschlägen und Herausforderungen fest im Boden zu stehen und weiter zu wachsen.

In diesem Buch möchte ich Ihnen zeigen, wie Sie diese Prinzipien in Ihrem beruflichen Alltag anwenden können, um die Herausforderungen des Geschäftslebens zu meistern und Ihre Ziele und Träume zu verwirklichen. Die Zukunft gehört den Unternehmer:innen, die in Veränderungen und Rückschlägen Chancen zur Weiterentwicklung sehen. Dieses Buch, inspiriert von der *Fit for Future*-Reihe, zeigt Ihnen, wie Sie Ihre Resilienz in unserer dynamischen Welt festigen, um sowohl persönlich als auch beruflich zu erblühen.

Was Sie in diesem Buch erwartet

Duzen

Ich werde Sie ab jetzt duzen, weil ich möchte, dass wir uns nahekommen. Manche mögen denken, dass das weniger wissenschaftlich klingt. Aber die Wissenschaft bestätigt: Nähe schafft Vertrauen und Vertrauen ist die Basis für echte Veränderung.

Es gibt auch persönliche Gründe, warum ich Dich duzen möchte. Ich bin Deutsche und eine Südländerin – doppelt sogar, da ich in Uruguay geboren bin und aus einer italienischen Familie stamme. Mein Mann ist Spanier und in unserer Kultur ist das Duzen ein Ausdruck von Nähe und Herzlichkeit. Bei uns im Süden duzen wir uns oft und gerne, auch in geschäftlichen Beziehungen. Es signalisiert, dass ich

Dir meine Freundschaft anbiete und eine warme, freundschaftliche Verbindung aufbauen möchte. Das möchte ich tatsächlich.

Einfach
Meine Sprache ist einfach, denn mein Motto ist: Wer tatsächlich etwas Komplexes verstanden hat, kann es auch ganz leicht erklären. Ich werde Metaphern benutzen, weil – wie der Psychotherapeut Jorge Bucay aus Argentinien sagt – wir Kindern Geschichten erzählen, um sie zum Einschlafen zu bringen, und Erwachsenen, um sie aufzuwecken. Ich wünsche mir, dass meine Worte Dich mit einer unternehmerischen, resilienten Mentalität aufwachen lassen. Stell Dir vor, wir sitzen nebeneinander, und ich spreche direkt und klar zu Dir. Genauso ist es, während Du dieses Buch liest.

Training macht den Meister
Eine resiliente Mentalität – insbesondere im unternehmerischen Kontext – erfordert intensives Training. Es ist wie das Erlernen eines neuen Instruments oder einer neuen Sprache: Es geht nicht von heute auf morgen. Es braucht Zeit und Ausdauer. Genauso verhält es sich hier. Es reicht nicht, dieses Buch nur zu lesen. Es erfordert konsequente Umsetzung und kontinuierliches Üben. Um widerstandsfähiger zu werden, musst Du resilient denken, fühlen, sprechen und handeln. Es braucht Geduld, Zeit und Übung, und es ist ein langfristiger Prozess. Resilienz wird dann zu einer Haltung, die Du im Inneren spürst und nach außen verkörperst.

Andererseits gibt es eigentlich nichts, was Du aktiv tun musst. Es erfordert keine große Anstrengung, denn Resilienz ist ein natürlicher Zustand. Von Natur aus sind wir resilient. Wenn Du innerlich zur Ruhe kommst, Vertrauen entwickelst und Deinen Weg gehst, findest Du von selbst in diesen Zustand zurück.

Allergien
Meine Ideen, Prinzipien, Geschichten und Worte werden Deinem bisherigen Betriebssystem nicht immer gefallen und könnten deswegen Alarm auslösen. Vielleicht reagierst Du deswegen auch allergisch darauf. Bleib einfach ganz offen und lass meine Zeilen auf Dich wirken – sie werden Deine Selbstständigkeit und Dein Unternehmertum verändern. Aber zuerst darfst Du Dich verändern, denn Du bist Dein Geschäft. Die Anwendung der Resilienzprinzipien in der Praxis öffnet Dir neue Welten. Ein offenes Mindset ist der Schlüssel zum Erfolg. Anderseits musst Du Dich nicht verändern, sondern Du darfst die Schichten ablegen, die Dich umhüllen und Dich daran hindern, klar zu sehen.

Gegensätze
Du wirst in diesem Buch immer wieder auf scheinbare Widersprüche stoßen. Vielleicht denkst Du: Das passt doch nicht zusammen. Doch das ist genau der Punkt: A kann richtig sein – und B auch. Manchmal zur gleichen Zeit, manchmal in ganz verschiedenen Momenten. Die Frage ist nicht einfach nur: Was stimmt? Sondern: Wann stimmt was für Dich? Zwischen den Gegensätzen liegt die Wahrheit. Nicht im Entweder-oder, sondern im Sowohl-als-auch. Ich lade Dich ein, Dich mit diesen Gegensätzen zu versöhnen. Zwischen ihnen liegt das, was wir Wahrheit nennen. Auch große Gegensätze wie Wissenschaft und Spiritualität gehören hierher. Wenn Du Dich dafür öffnest, wirst Du sehen: Sie widersprechen sich nicht – sie ergänzen sich. Genauso verhält es sich mit Ethik und Business, mit Tiefgang und finanzieller Fülle. Das eine muss das andere nicht ausschließen. Es darf zusammen gedacht, gefühlt und gelebt werden.

Stell Dir vor
Du wirst diesen Satz oft in meinem Buch lesen: Stell Dir vor. Nicht zufällig. Denn Vorstellungskraft ist ein Schlüssel

zu innerer und unternehmerischer Stärke. Der Begründer des Psychodramas Jakob Levy Moreno erkannte: Spontanität und Kreativität sind Grundlagen psychischer Gesundheit. Für mich sind sie auch Grundlagen unternehmerischer Resilienz. „Stell Dir vor" ist deshalb meine Einladung an Dich, Denkgrenzen zu sprengen. und innerlich beweglich zu bleiben. „Stell Dir vor" öffnet Dir Räume, in denen neue Ideen entstehen. Und genau dort beginnt Veränderung – in Dir und in Deinem Business.

Quellen
Manchmal frage ich mich selbst, woher all diese Konzepte und Ideen stammen, die ich in meine Arbeit einfließen lasse. Wie die Bäume in einem Wald durch ihre Wurzeln miteinander verbunden sind, so haben auch wir Menschen Zugang zu einem riesigen Netzwerk von Wissen und Weisheit. Ich schöpfe aus dieser reichen Quelle, die sich aus den vielen Büchern, Videos und Texten speist, die ich im Laufe der Jahre gelesen und gesehen habe. Ich möchte in meinen Quellenangaben alle Denker:innen, Unternehmer:innen und Autor:innen gleichermaßen würdigen und ihre Ideen anerkennen. Sollte mir dennoch etwas entgangen sein, bitte ich aufrichtig um Entschuldigung. Aber eines kann ich Dir versprechen: Ich setze meinen ganzen Willen und meine volle Achtsamkeit dafür ein, es richtig und korrekt zu machen.

Wir alle sind das Ergebnis des Wissens, der Erfahrungen und der Weisheit vieler Generationen vor uns. Die Evolution der Menschheit basiert auf Kooperation und dem Weitergeben von Wissen. In diesem Buch möchte ich weitergeben, was ich als wertvoll erkannt habe – meine Weisheit und Erkenntnisse sowie die vieler Menschen, die mich inspiriert haben und von denen ich lernen durfte. Hinter jedem inspirierenden Menschen stehen viele andere, die ebenfalls ihren Beitrag geleistet haben. Diese unendliche Kette von Wissen und Weisheit reicht weit in die Vergangenheit zurück. Ich möchte allen Menschen danken, die dazu beigetragen haben und weiterhin dazu beitragen, dass wir wachsen, uns entwickeln und zu den Menschen werden, die wir wahrhaft sind: erfüllt, glücklich und erfolgreich. Menschen, die ihre innere Kraft nutzen, um durch ihr Unternehmertum einen positiven Beitrag für unsere Welt zu leisten.

Sprache

Wir diskriminieren gelegentlich durch Sprache, ohne es bewusst wahrzunehmen. Im Business ist eher die männliche Form „normal", daher werde ich diese Norm brechen und auch in der weiblichen Form schreiben – und manchmal auch gendern. Wer das Normale tut, wird nie erfolgreich sein. Eine unternehmerische, resiliente Mentalität bedeutet, Außergewöhnliches zu tun, neue Wege zu gehen, Dinge auszuprobieren und manchmal auch gegen den Strom zu schwimmen. Vielleicht kommt Dir deswegen meine Ausdrucksweise Spanisch vor, und ja, das liegt daran, dass Spanisch meine Muttersprache ist! Aber genau das fordert Deine Flexibilität und Anpassungsfähigkeit heraus, die für Resilienz so wichtig sind. Betrachte es als Training, gewürzt mit einer feurigen Note.

Dein Geschäft

In diesem Buch werde ich Dir nicht erklären, wie Du Dein Geschäft erfolgreich betreibst. Stattdessen zeige ich Dir, wie Du sein musst, wie Du denken, fühlen, sprechen und handeln solltest, um in jedem Geschäftsfeld erfolgreich zu sein. Wie jetzt? Ich sage Dir wie Du sein „musst". Bekommst Du schon Allergien?

Resilienzprinzipien stärken und unterstützen Dich, doch sie sind nur so effektiv, wie Du sie anwendest. Es ist wie mit einer Mitgliedschaft im Fitnessstudio: sie allein verbessert nicht Deine Fitness. Du musst aktiv trainieren und die

Übungen konsequent umsetzen, damit Du Ergebnisse siehst. Genauso musst Du die Prinzipien der Resilienz in Deinem Alltag und Geschäft anwenden, um ihre volle Wirkung zu entfalten.

Ich-Zustände – Provokationen
Ich werde Dich aus dem fürsorglichen Eltern-Ich ansprechen, manchmal aus dem rebellischen oder freien Kind-Ich und selbstverständlich auch aus dem Erwachsenen-Ich. Was bedeutet das? Die Ich-Zustände, auf die ich mich beziehe, stammen aus der Transaktionsanalyse, einem psychologischen Modell, das vom Psychiater Eric Berne entwickelt wurde. Es beschreibt, dass wir Menschen je nach Situation und innerem Zustand aus unterschiedlichen Rollen heraus kommunizieren: als Eltern-Ich, Erwachsenen-Ich oder Kind-Ich. Diese innere Vielfalt erlaubt es mir, Dir auf mehreren Ebenen zu begegnen – mal ernst, mal herausfordernd, mal verspielt. Vielleicht hilft Dir das, Deine eigenen Denk- und Reaktionsmuster zu hinterfragen. Und vielleicht gelingt es mir so, mich aus der Schublade zu befreien, in die Du mich (unbewusst?) gesteckt hast. Rate mal, aus welchem Ich-Zustand ich gerade schreibe? Natürlich aus dem des freien Kindes – lebendig, neugierig und ein bisschen frech.

In meinen Trainings und auch in diesem Buch setze ich gezielt Provokationen als Methode ein. Dabei spreche ich immer wieder aus dem freien oder rebellischen Kind-Ich und verwende bewusst Aussagen, die Dich vielleicht zunächst schockieren. Genau das ist mein Ziel: Dich aus deiner gewohnten Komfortzone und Denkstruktur herauszukatapultieren. Nimm es sportlich. Ich möchte Dich einfach nur dabei unterstützen, neue Blickwinkel zu finden und weiter über Dich hinauszuwachsen.

Provokation fördert eine resiliente Mentalität, weil sie Dich aus vertrauten Bahnen reißt und Dich zwingt, alte

Denkmuster zu hinterfragen. Unterschiedliche Studien und Modelle, wie etwa die Kreativitätsansätze von Edward de Bono (2014), zeigen, dass gezielte Provokationen das kritische Denken und die Kreativität anregen. In der neueren psychologischen und neurobiologischen Forschung wird außerdem diskutiert, dass herausfordernde Reize zur Bildung neuer neuronaler Verbindungen beitragen und Denkprozesse flexibilisieren. Provokation fördert also das kritische Denken und stimuliert die Kreativität. Dies ist der Schlüssel zur Resilienz: flexibel zu denken und sich an neue Herausforderungen anzupassen.

Eins ist sicher, dieses Buch ist „vulkanisch", genau wie mein Nachname Vulcano. Ich bringe viel Energie und Leidenschaft in alles, was ich tue, und Du wirst ganz sicher etwas Wertvolles daraus mitnehmen. Denn die Fähigkeit, aus jeder Erfahrung zu lernen, ist ein Zeichen von Resilienz und diese wird sich garantiert auf Dich übertragen.

Freudenstadt, Deutschland Anna Karina Cassinelli Vulcano
April 2025

Danksagung

Zuerst möchte ich meinen Eltern Ana Vulcano Díaz und Carlos Werther Cassinelli López danken. Ihr habt mir das Leben geschenkt und mich in meinem Geburtsland Uruguay mit Liebe und Schutz umgeben, was es mir ermöglichte, meine Wurzeln tief in die Erde zu schlagen und zu wachsen. Eure Liebe ist der Nährboden, der mich zu der starken Eiche hat werden lassen, die ich heute bin.

Ein tiefer Dank gilt meiner großen Familie, die mich durch alle Herausforderungen des Lebens begleitet hat. Auch wenn unsere Beziehungen manchmal wie Äste in unterschiedliche Richtungen wachsen, bleibt unser Fundament stark und fest verankert in der Kraft der Verbundenheit.

Insbesondere gilt mein Dank meinen fünf wunderbaren Kinder Sandra, Matthias, Sofia, Sabrina und Selanii, ihr seid die prächtigen Äste meines Lebensbaums. Jede:r von Euch gedeiht auf eine eigene Weise. Ihr bringt Licht in die Welt – sei es durch technologische Innovationen, medizinische Heilkunst, tiefes psychologisches Verständnis, unermüdliches Durchhaltevermögen, die Liebe zum Reisen oder Euren leidenschaftlichen Einsatz, um die Tiere und die Natur zu schützen. Es erfüllt mich mit unendlicher Dankbarkeit und Freude, Euch alle gedeihen zu sehen und eure Entfaltung zu erleben.

Mein innigster Dank gilt meinem Mann José Antonio Martínez Córcoles. Wir haben uns gefunden. Ich habe mein Leben lang nach Dir gesucht. Jetzt, da wir zusammen sind, lässt unsere tiefe Verbundenheit alles in unserem Leben erblühen.

Und dann waren da die Stolpersteine, ich danke euch – all diesen Steinen, die sich mir in den Weg legten. Ihr habt mich gelehrt, dass jeder Stein, über den ich gefallen bin, Funken schlagen kann, die das Feuer der Resilienz und des Wachstums entfachen. Ohne diese Hindernisse wäre dieses Buch nie entstanden.

Einen tiefen Dank möchte ich meinen Kursteilnehmern aussprechen. Ihr seid die Inspiration hinter diesem Buch. Während und nach eurer Ausbildung zum Körperorientierten Glücks- und Resilienztrainer strebten viele von euch danach, in die Selbstständigkeit zu wachsen oder eure unternehmerischen Träume zu verwirklichen. Daraus entstanden in unserer AK-demia, der 1A Glücks- & Resilienz-Akademie, Kurse wie „Unaufhaltsame Freiheit" und „Unaufhaltsame Fülle". Euer Feuer, euren eigenen Weg zu gehen, hat mich dazu inspiriert, meine Gedanken, Erfahrungen und Inspirationen in diesem Buch festzuhalten, um euch auf dieser Reise zu begleiten.

Danke an Peter Buchenau, der an mich und mein Potenzial geglaubt hat und mir die Möglichkeit gab, mit diesem Buch ein Teil der *Fit for Future*-Reihe zu werden.

Mein herzlicher Dank gilt Sophie Pitka, meiner geschätzten Lektorin. Sie hat den Text verfeinert und zusätzlich an der Gestaltung der Bilder mitgewirkt. Elisa Zanutto, eine talentierte Künstlerin, hat die Bilder künstlerisch umgesetzt. Beide, Sophie und Elisa, sind von mir ausgebildete

Körperorientierte Glücks- und Resilienztrainerinnen. Genauso wie die liebe Susanna Selvadurai, ihr danke ich für das zweite Lektorat. Alle drei haben ein tiefes Verständnis für die Themen dieses Buches und das hat dem gesamten Werk eine besondere Tiefe verliehen. Ein besonderer Dank geht auch an Vera Treitschke vom Springer Gabler-Verlag, die mich mit so viel Geduld und Ausdauer auf diesem Weg begleitet hat.

Schließlich geht mein besonderer Dank an die großen Lehrer, Denker, Träumer und Macher dieser Welt – ob in der Philosophie, Psychologie, Medizin, Musik, Kunst, Spiritualität, Politik oder im Unternehmertum. Sie lehren durch ihr Beispiel, dass wir alle in der Lage sind, diese Welt zu einem fruchtbaren Boden für persönliches und gemeinschaftliches Wachstum zu machen, in dem wir alle aufblühen.

Inhaltsverzeichnis

1 **Wie Du mit Stolpersteinen Feuer machst**   1
  1.1   Stolperstein 1 – Fehlende Klarheit und Zielsetzung   7
  1.2   Stolperstein 2 – Fehlende Sinnhaftigkeit   8
  1.3   Stolperstein 3 – Selbstzweifel, fehlendes Selbstvertrauen   9
  1.4   Stolperstein 4 – Die Verwechslung von Exzellenz mit Perfektionismus   10
  1.5   Stolperstein 5 – Destruktiver innerer Dialog   11
  1.6   Stolperstein 6 – Prokrastination   12
  1.7   Stolperstein 7 – Fehlendes Handeln   13
  1.8   Stolperstein 8 – Destruktives Selbstbild   14
  1.9   Stolperstein 9 – Fehlende Leidenschaft   16
  1.10   Stolperstein 10 – Zu sehr auf Geld fokussiert   16
  1.11   Stolperstein 11 – Zu wenig Fokus auf Geld   17
  1.12   Stolperstein 12 – Hart arbeiten   18
  1.13   Stolperstein 13 – Zu glauben, dass es um äußere Umstände geht   19
  1.14   Stolperstein 14 – Andere Menschen überzeugen wollen   20

1.15	Stolperstein 15 – Das Gefühl, es nicht zu verdienen	21
1.16	Stolperstein 16 – Haften am Wert Sicherheit	22
1.17	Stolperstein 17 – Andere verantwortlich machen	23
1.18	Stolperstein 18 – Niemandem etwas verkaufen wollen	25
1.19	Stolperstein 19 – Fehlende finanzielle Bildung	26
1.20	Stolperstein 20 – Überforderung durch Multitasking	28
1.21	Stolperstein 21 – Nur eine Sache machen	29
1.22	Stolperstein 22 – Fehlende Balance zwischen Arbeit und Leben	31
1.23	Stolperstein 23 – Das Umfeld stimmt nicht	32
1.24	Resilienz: Aus jedem Stolperstein gestärkt hervorgehen	33

2 Die Eiche als Metapher für Dein Business — 35

2.1	Rückschläge – Unaufhaltsam nach vorne gehen	36
2.2	Was ist also Resilienz?	38
2.3	Die gepflegte oder wilde Eiche – Angestellt oder Selbstständig	40
2.4	Vom jungen Setzling zur Eiche – Selbstständig sein und Unternehmertum	41
2.5	Starke Äste, starkes Business: Resilienz sichtbar machen	43

3 Die 14 unternehmerischen Eichenwurzeln — 47

3.1	Unternehmerische Eichenwurzel 1: Akzeptanz	51
3.2	Unternehmerische Eichenwurzel 2: Optimismus bewahren	54

3.3	Unternehmerische Eichenwurzel 3: Netzwerke aufbauen und pflegen	56
3.4	Unternehmerische Eichenwurzel 4: Fokus auf Everest-Ziele	60
3.5	Unternehmerische Eichenwurzel 5: Lösungsorientiertes Denken	64
3.6	Unternehmerische Eichenwurzel 6: Radikale Eigenverantwortung übernehmen	67
3.7	Unternehmerische Eichenwurzel 7: Selbstbestimmung und Selbstwirksamkeit	72
3.8	Unternehmerische Eichenwurzel 8: Körperbewusstsein	75
3.9	Unternehmerische Eichelwurzel 9: Lernbereitschaft	79
3.10	Unternehmerische Eichelwurzel 10: Selbstfürsorge	84
3.11	Unternehmerische Eichenwurzel 11: Flexibilität	86
3.12	Unternehmerische Eichenwurzel 12: Finanzielle Gesundheit	89
3.13	Unternehmerische Eichenwurzel 13: Lebenssinn	95
3.14	Unternehmerische Eichenwurzel 14: Einheit durch Verbundenheit	109

4 Die Eiche als Quelle des Lebens und der Gemeinschaft   113

5 Mein Geschenk an Dich – die Einladung   119

Literatur   123

Über die Autorin

(Fotograf: Klaus Raidl)

Anna Karina Cassinelli Vulcano vereint die Stärken mehrerer Kulturen – die südländische Wärme und die deutsche Exzellenz. Sie verbindet Wissenschaft und Forschung mit Spiritualität und Tiefgang. Ihre selbst entwickelte Methode, das **Körperorientierte Glücks- und Resilienztraining**, basiert auf dem Konzept **„Cassinelli Vulcano"**. Diese verknüpft eine resiliente Mentalität, Resilienz- und Glückstraining sowie psychologische, philosophische und spirituelle Ansätze mit Embodiment, Hatha Yoga und sanften Körperübungen. Für diese „vulkanische" Frau – mit dem Nachnamen wie der Gott Vulkan selbst – liegt wahre Stärke in der Verbindung, und so schlägt sie Brücken zwischen verschiedenen Welten und Widersprüchlichkeiten. Sie steht für Herzlichkeit und die unerschöpfliche Resilienz, die es braucht, um Hürden in Chancen zu verwandeln.

Besonders in scheinbar unüberwindbaren Situationen lehrt sie, wie man die eigene innere Kraft – die „Sonne im Herzen" – erkennt, eine Quelle, die uns niemand nehmen oder geben kann. Doch nicht nur in komplexen Zeiten ist Resilienz entscheidend, sondern vor allem dann, wenn alles gut läuft. Denn beständige Resilienz-Übung macht uns erfolgreich, glücklich und stark. Diese innere Stärke ermöglicht uns, jede Herausforderung zu meistern. Ihr Leitsatz lautet: **„Die Umstände definieren nicht, wer Du bist – Du allein definierst, wie Du denkst, fühlst, sprichst und handelst. Das formt Deinen persönlichen und beruflichen Lebensweg."**

1974 in Montevideo, Uruguay, geboren, fließen „Sonne und Meer" durch ihre Adern. Gleichzeitig wurde sie, wie sie selbst sagt, von deutschen Werten wie Ehrlichkeit und Verantwortungsbewusstsein geprägt, die sie in 32 Jahren in Deutschland verinnerlicht hat. Sie ist Deutsche, geborene Uruguayerin und Italienerin durch ihre familiären Wurzeln. Als alleinerziehende Mutter von fünf Kindern und Migrantin hat sie nie aufgehört, zu lernen, zu wachsen und sich weiterzuentwickeln.

Heute lebt sie in Spanien und bietet von dort aus Ausbildungen und Online-Trainings sowie vor Ort Retreats speziell für Unternehmer und Selbstständige an. Ihr **Körperorientiertes Glücks- und Resilienztraining** stärkt die persönliche Resilienz und die unternehmerischen Wurzeln ihrer Teilnehmer. Ihr Lebenswerk besteht darin, Menschen zu befähigen, gestärkt aus komplexen Situationen hervorzugehen. Ihre Lebensvision ist eine Welt, in der jeder glücklich, erfüllt und erfolgreich ist.

1

Wie Du mit Stolpersteinen Feuer machst

Resilienz in der Unternehmensführung und im selbstständigen Arbeiten ist wie die Fähigkeit, aus zwei Stolpersteinen (s. Abb. 1.1) ein Feuer zu entfachen. In diesem Kapitel erfährst Du, wie Du die 23 häufigsten Stolpersteine auf Deinem unternehmerischen Weg meisterst. Ob es um klare Zielsetzungen, den Umgang mit Perfektionismus oder die Überwindung von Selbstzweifeln geht – ich zeige Dir, wie Du mit jedem dieser Stolpersteine Funken schlagen kannst, um Dein inneres Feuer zu entfachen. Mit praxisnahen Tipps und Strategien lernst Du, Hindernisse als Chancen zu nutzen und eine widerstandsfähige, erfolgreiche Unternehmerpersönlichkeit zu entwickeln. Diese Metapher beschreibt für mich treffend die innere Stärke und Flexibilität, die beide notwendig sind, um aus Rückschlägen und Herausforderungen etwas Positives und Kraftvolles zu schaffen. Für mich bedeutet Resilienz die Fähigkeit, aus den Stolpersteinen auf meinem Weg Funken zu schlagen und ein wärmendes Feuer zu entfachen, das mich

Abb. 1.1 Wie Du mit Stolpersteinen Feuer machst. (Gezeichnet von Lisa Zanutto & Sophie Pitka)

weiter antreibt. Resilienz in der Unternehmensführung und im selbstständigen Arbeiten bedeutet auch, Stolpersteine als Potenzial zu erkennen und sie als Brennstoff für neue Wege zu nutzen. Genauso aus vermeintlichen Rückschlägen den Funken zu schlagen, der neue Türen öffnet.

Stell Dir vor, Du wachst eines Morgens voller Tatendrang und Freude auf. Eine Vision treibt Dich an, ein Ziel, das Du mit Begeisterung verfolgst. Dein Herz schlägt schneller vor Aufregung und das Blut pulsiert durch Deinen Körper. Du bist bereit, die Welt zu erobern, voller Energie und Entschlossenheit.

1 Wie Du mit Stolpersteinen Feuer machst

Doch während Du diesen Weg beschreitest, stolperst Du plötzlich über mehrere Steine und fällst hart zu Boden. Der Aufprall schmerzt und Du fühlst, wie eine Wunde aufgeht und Blut hervorquillt. In diesem Moment sind die Enttäuschung und Scham überwältigend. Du fühlst Dich besiegt und hast das Gefühl, nicht wieder aufstehen zu können. Die Vision, die Du so klar vor Augen hattest, scheint in weiter Ferne. Du schämst Dich für den Sturz und Du zweifelst an Dir selbst und Deinen Fähigkeiten. Du fragst Dich, ob jemand Deinen Fall gesehen hat und was die anderen jetzt über Dich denken. Du hattest doch gesagt, Du könntest es schaffen, und jetzt liegst Du hier auf dem Boden. Die Angst vor dem Urteil der anderen verstärkt Deine Scham und lässt Dich noch mehr an Dir selbst zweifeln. Doch dann, während Du am Boden liegst und den Schmerz spürst, entscheidest Du Dich, nicht aufzugeben. Mit zitternden Händen und einem tiefen Atemzug stehst Du auf. Du blickst zurück und siehst die Steine, über die Du gestolpert bist. Zuerst siehst Du nur Hindernisse, Dinge, die Dich zu Fall gebracht haben. Doch dann nimmst Du die Steine in die Hand. Du fühlst ihre raue Oberfläche, ihr Gewicht und ihre Härte. Plötzlich erkennst Du, dass diese Steine keine Hindernisse sind, sondern wertvolle Ressourcen. Du schlägst die Steine zusammen und Funken sprühen. Anfangs sind es nur vereinzelte Funken, doch Du lässt Dich nicht entmutigen. Mit jedem Schlag, mit jedem Versuch wird Dein Vertrauen stärker. Schließlich trifft ein Funke auf ein Stück Zunder und ein kleines Feuer entfacht. Das Feuer beginnt zu wachsen, spendet Wärme und Licht. Dieses Feuer ist Dein Antrieb, Deine Hoffnung und Deine Stärke, die Dich durch die dunkelsten Nächte begleiten wird.

Genauso verhält es sich mit den Herausforderungen im Geschäftsleben. Eine resiliente Mentalität bedeutet, Stolpersteine auf Deinem Weg zu nutzen, um daraus ein Feuer der Stärke und Motivation zu entfachen. Es ist die innere Stärke, die uns befähigt, flexibel und anpassungsfähig auf

Veränderungen zu reagieren, Standhaftigkeit gegenüber Rückschlägen zu entwickeln und kontinuierlich nach vorne zu schauen.

Resilienz in der Unternehmensführung und Selbstständigkeit ist auch die Fähigkeit, mit begrenzten Ressourcen und unter widrigen Umständen kreative Lösungen zu finden. Es bedeutet, Widerstandskraft zu entwickeln und beharrlich den Blick nach vorne zu richten und unaufhaltsam zu sein.

Nun hast Du erkannt, dass die Steine auf Deinem Weg Chancen sind, um etwas in Bewegung zu setzen. Diese Steine sind keine Blockaden, sie sind der erste Impuls, der alles ins Rollen bringt. Genauso wie Du aus mehreren Stolpersteinen Funken schlagen kannst, bieten Dir auch die Herausforderungen in Deinem Geschäftsleben den Antrieb, weiter voranzukommen.

Merke Dir diese fünf Schritte, die alles ins Rollen bringen
Schritt 1 – Flexibilität und Anpassungsfähigkeit: Stell Dir vor, Du hältst zwei Steine in den Händen. Sie wirken hart und kalt, doch sie haben Potenzial. Du kannst Funken schlagen und ein Feuer entfachen. Das ist Flexibilität – die Fähigkeit, kreativ zu handeln und das Beste aus dem zu machen, was Du hast. Siehe Chancen, wo andere nur Hindernisse sehen.

> **So setzt Du es um**
>
> **Krisenmanagement:** In Krisen siehst Du Steine nicht als Blockaden, Du siehst sie als Gelegenheiten. Du bleibst ruhig und entscheidest schnell. Du nutzt die Funken, um Lösungen zu finden. Krisen sind nicht das Ende – sie sind der Anfang von etwas Neuem.

Schritt 2 – Widerstandskraft und Durchhaltevermögen: Ein Feuer mit Steinen zu entfachen braucht Zeit und Geduld. Die Funken fliegen vielleicht nicht sofort, aber Du gibst nicht auf. Diese Ausdauer ist der Kern Deiner Resilienz. Sie macht Dich stark, egal wie oft Du es versuchst.

> **So setzt Du es um**
>
> **Zielstrebigkeit:** Auch wenn Erfolge nicht sofort sichtbar sind, setzt Du Deine Willenskraft ein, um dranzubleiben. Du hältst an Deinen Vorhaben fest, passt Deine Methoden an und gibst nicht nach. Rückschläge sind keine Niederlagen, sie sind Gelegenheiten, stärker zu werden. Mit jedem Versuch stärkst Du Deine Resilienz, bis der Durchbruch kommt.

Schritt 3 – Proaktives Handeln: Anstatt darauf zu hoffen, dass sich die Umstände von alleine verbessern, ergreifst Du die Initiative. Du nimmst die Steine in die Hand und beginnst, sie entschlossen zusammenzuschlagen. Du wartest nicht passiv ab, sondern nutzt jede Gelegenheit, um aktiv Veränderungen herbeizuführen. Du gehst kalkulierte Risiken ein, handelst vorausschauend und schaffst neue Möglichkeiten. Das ist proaktives Handeln – die treibende Kraft, die alles in Bewegung setzt.

> **So setzt Du es um**
>
> **Chancen aktiv ergreifen:** Du wartest nicht, bis sich Gelegenheiten von selbst ergeben – Du suchst sie aktiv. Du analysierst Dein Umfeld, erkennst frühzeitig Potenziale und handelst. So übernimmst Du das Steuer und treibst Dein Vorhaben voran. Die Bereitschaft, neue Wege zu gehen und Lösungen zu entwickeln, ist der Antrieb, der Dich vorwärtsbringt und Dir erlaubt, die Grenzen des Möglichen immer wieder neu auszuloten.

Schritt 4 – Lernbereitschaft: Jeder Funke, der nicht sofort ein Feuer entfacht, ist eine Lektion. Du lernst aus jedem Versuch, passt Deine Technik an und wirst mit jedem

Schritt besser. Diese Bereitschaft, aus Fehlern zu lernen und Dich kontinuierlich weiterzuentwickeln, ist das, was Deine Resilienz immer mehr stärkt. Du wirst klüger, stärker und effizienter – Schritt für Schritt.

> **So setzt Du es um**
>
> **Offen für Feedback sein:** Du suchst aktiv nach Rückmeldungen von Kunden, Partnern oder Kollegen. Anstatt Kritik als „destruktiv" zu sehen, nutzt Du sie als Werkzeug, um Deine Strategien zu verändern und neue Perspektiven zu gewinnen. Du verstehst, dass Feedback der Schlüssel zu kontinuierlichem Wachstum ist.

Schritt 5 – Positive Einstellung: In jedem Stolperstein siehst Du das Potenzial für ein wärmendes Feuer. Diese positive und optimistische Sichtweise ist es, die Dich auch in komplexen Zeiten motiviert und das Licht am Ende des Tunnels sichtbar macht. Diese Grundhaltung stärkt Deine Resilienz und ermöglicht es Dir, auch in scheinbar ausweglosen Situationen Alternativen zu erkennen.

> **So setzt Du es um**
>
> **Dankbarkeit üben:** Selbst in komplexen Zeiten findest Du Dinge, für die Du dankbar sein kannst. Dankbarkeit hilft Dir, den Fokus auf das Positive zu lenken. Du machst es Dir zur Gewohnheit, regelmäßig die positiven Aspekte deines Lebens und deines Geschäfts wertzuschätzen.

Fallen, aufstehen und weitergehen

Eine resiliente Mentalität befähigt Dich dazu, aus Hindernissen Chancen zu schmieden und daraus die Energie zu ziehen, die Dich voranbringt. Mit dieser inneren Stärke lässt Du Dich von Rückschlägen nicht unterkriegen. Stattdessen stehst Du wieder auf, entwickelst Dich weiter und bleibst langfristig erfolgreich. Es geht darum, diese Eigenschaften zu kennen und sie auch konsequent in Deinem Alltag umzusetzen. Du willst Deine Everest-Ziele erreichen? Dann sei bereit, Dich auf diese Reise einzulassen – sie wird vielleicht herausfordernd sein, aber Du bist unaufhaltsam. Wenn Dir das Leben Steine in den Weg legt, nutze sie, um damit ein Feuer zu machen. Punkt.

Warum Du in Deinem Business nicht vorwärtskommst?
Weil Du es vielleicht bisher nicht gewagt hast, diese unternehmerische, resiliente Mentalität wirklich zu leben. Es ist Zeit, das zu ändern. Es ist Zeit, Deine Stolpersteine zu benutzen, um schneller und leichter vorwärtszugehen.

1.1 Stolperstein 1 – Fehlende Klarheit und Zielsetzung

Wenn Du keine klaren Ziele hast, irrst Du planlos umher. Du weißt nicht, wohin Du willst, und so trittst Du auf der Stelle. Ohne einen klaren Plan, ohne Everest-Ziele (vgl. Blickhan, 2018, S. 210) – diese großen, inspirierenden Ziele, die Dich wirklich herausfordern – ist Dein Geschäft wie ein Feuer ohne Brennmaterial: es flackert kurz auf und erlischt schnell.

Stell Dir vor, Du bist ein selbstständiger Berater, der sich in der Welt des Coachings etabliert hat. Du hast jede Menge Fachwissen, aber ohne klare Ziele verzettelst Du Dich in zu vielen Projekten gleichzeitig. Deine Energie zerstreut sich, und am Ende des Tages fragst Du Dich, was Du eigentlich erreicht hast. Ohne klare Zielsetzung ist Dein Business wie ein Workshop ohne Agenda, ziellos und unstrukturiert.

> **Was tun?**
> Erstelle klare, präzise Ziele, die Dir die Richtung weisen und als Leitfaden für Dein Handeln dienen. Diese Ziele sind wie die Tagesordnungspunkte eines erfolgreichen Workshops – sie geben Struktur und Fokus. Richte Deine täglichen Aktivitäten auf diese Ziele aus und verfolge sie mit Entschlossenheit. So verwandelst Du Unklarheit in gezielte Aktion, die Dich und Dein Business Schritt für Schritt voranbringt.
>
> Diese Ziele sind Dein Kompass, der Dir die Richtung vorgibt. Sie sind das Holz, das Dein unternehmerisches Feuer am Brennen hält. Fokussiere Dich auf das, was wirklich zählt, und richte jeden Deiner Schritte darauf aus. So machst Du aus Unklarheit eine glühende Flamme, die Dich nach vorne treibt.

1.2 Stolperstein 2 – Fehlende Sinnhaftigkeit

Stell Dir vor, Du betreibst ein erfolgreiches Marketingunternehmen. Du hast Kunden, Aufträge und Einnahmen und trotzdem spürst Du eine innere Leere. Die tägliche Arbeit fühlt sich mechanisch an ohne Freude oder Begeisterung. Du merkst, dass Dir der tiefe Sinn hinter Deinem Business fehlt, Du bist erfolgreich beschäftigt, aber nicht glücklich und erfüllt.

> **Was tun?**
> Tauche tief in Dich selbst ein und frage Dich, was Dich wirklich antreibt. Was hat Dich ursprünglich dazu gebracht, dieses Business zu starten? Finde die Leidenschaft und den Sinn, die Dich begeistern. Vielleicht geht es Dir nicht nur darum, Produkte zu verkaufen, sondern auch Unternehmen zu helfen, ihre eigenen Geschichten authentisch zu erzählen. Oder vielleicht willst Du durch Deine Arbeit einen positiven Einfluss auf Deine Branche oder Deine Gemeinschaft haben.

> Verbinde Dein tägliches Handeln mit diesem tieferen Sinn. Lasse Deine Vision und Deine Werte in jede Entscheidung einfließen, die Du triffst. Wenn Du Dein Business auf eine starke, sinnvolle Grundlage stellst, wirst Du erfolgreicher und glücklich sein.

1.3 Stolperstein 3 – Selbstzweifel, fehlendes Selbstvertrauen

Selbstzweifel sind wie ein nasser Lappen auf Deinem Feuer – sie ersticken das, was Dich antreibt, und halten Dich davon ab, Dein volles Potenzial zu entfalten. Wenn Du ständig an Dir zweifelst, wirst Du zögerlich und aus Unsicherheit wird Stillstand.

Stelle Dir vor, Du bist eine kreative Unternehmerin, die ein neues Online-Business startet. Du hast die Fähigkeiten und die Ideen, aber jedes Mal, wenn Du vor dem nächsten Schritt stehst, kommen die Selbstzweifel. Was, wenn es niemanden interessiert? Was, wenn Du scheiterst? Diese Gedanken lähmen Dich und lassen Dich zögern. Dein Business kommt nicht in Schwung, weil Du Dich selbst blockierst.

> **Was tun?**
> Akzeptiere, dass Selbstzweifel Teil des Prozesses sind, aber lass sie nicht über Dein Handeln entscheiden. Dein Erfolg hängt davon ab, ob Du an Dich glaubst und Deine Ideen umsetzt oder sie von Zweifeln ersticken lässt. Nutze vergangene Erfolge als Beweis dafür, dass Du in der Lage bist, jede Herausforderung zu meistern. Beginne den Tag mit der Überzeugung, dass Du die Kontrolle über Dein Schicksal hast und dass jedes Hindernis eine Möglichkeit ist, noch stärker und erfolgreicher zu werden. Selbstvertrauen ist keine nette Eigenschaft, es ist die Grundlage, auf der jedes erfolgreiche Unternehmen aufgebaut wird. Baue es bewusst auf, indem Du entschlossen handelst und daran glaubst, dass Dein Erfolg unvermeidlich ist.

1.4 Stolperstein 4 – Die Verwechslung von Exzellenz mit Perfektionismus

Stell Dir vor, Du betreibst ein Online-Business für handgefertigte Möbel. Du hast eine wunderschöne Website erstellt, aber anstatt Deine Produkte online zu stellen, verbringst Du endlose Stunden damit, das Design Deiner Seite zu perfektionieren. Du feilst an jeder Kleinigkeit, der Farbton der Buttons, die Schriftgröße, die perfekte Produktbeschreibung. Doch während Du an der Perfektion Deiner Website arbeitest, verpasst Du die Gelegenheit, tatsächlich Verkäufe zu machen und Kunden zu gewinnen. Perfektionismus hält Dich davon ab, Dein Business wachsen zu lassen.

In Deutschland ist Perfektionismus tief verwurzelt. Viele verwechseln Exzellenz mit dem Drang nach Perfektion. Aber das sind zwei verschiedene Welten. Perfektionismus ist das Streben nach einem unerreichbaren Ideal. Es hält Dich davon ab, Projekte abzuschließen und voranzukommen, weil Du ständig an Kleinigkeiten feilst, bis zur Erschöpfung. Exzellenz dagegen? Exzellenz bedeutet, Dein Bestes zu geben. Exzellenz bedeutet zu akzeptieren, dass Unvollkommenheiten und Fehler Teil des Prozesses sind. Du strebst nach hoher Qualität und kontinuierlicher Verbesserung, ohne den Anspruch auf absolute Fehlerfreiheit.

> **Was tun?**
> Lass die Perfektion los und fokussiere Dich auf das Wesentliche. In dem Beispiel fokussiere darauf, Deine Produkte sichtbar zu machen und zu verkaufen. Die perfekte Website bringt Dir nichts, wenn noch niemand Deine Möbel kaufen kann. Setze Prioritäten: Lade Deine Produkte online hoch, auch wenn die Seite nicht perfekt ist. Konzentriere Dich darauf, Umsatz zu generieren und Kundenfeedback zu sammeln. Diese Rückmeldungen sind wertvoller als das stundenlange Feilen an Details. Verbessern kannst Du immer noch,

> aber erst, wenn Dein Business läuft. Mach Dein Online-Business lebendig, indem Du ins Handeln kommst und nicht an Perfektion scheiterst.
> Anders ausgedrückt, setze auf Exzellenz statt auf Perfektion. Bei Exzellenz konzentrierst Du Dich darauf, Fortschritte zu machen, aus Erfahrungen zu lernen und Dich ständig weiterzuentwickeln. Es ist ein dynamischer Ansatz, der Raum für Wachstum und Innovation lässt, ohne sich in der Suche nach dem Unmöglichen zu verlieren. Gib Dein Bestes und konzentriere Dich darauf, kontinuierlich besser zu werden, ohne Dich selbst zu überfordern. Arbeite mit Leidenschaft und Hingabe, und halte den Fortschritt im Fokus – nicht die Fehler.

1.5 Stolperstein 5 – Destruktiver innerer Dialog

Dieser ständige, kritische Kommentator in Deinem Kopf, der alles hinterfragt und oft brutal bewertet, bist Du dem schon mal begegnet? Aber Moment, in Deinem Kopf ist nicht nur ein kritischer Kommentator, sondern sogar ein ganzes Dorf. Es sind nicht nur einzelne Stimmen – es ist ein buntes Durcheinander aus verschiedenen Berufen, Familienmitgliedern und allerlei Leuten, die alle ihren Senf dazugeben. Jeder Deiner Gedanken wird von diesen inneren Stimmen kritisch bewertet und oft sind sie brutal „ehrlich". Diese inneren Kritiker können Dich massiv ausbremsen, Dein Selbstvertrauen untergraben und Deine Motivation schwächen. Stell Dir vor, Du sitzt vor einem leeren Blatt Papier und willst einen inspirierenden Beitrag für Social Media schreiben. Doch bevor Du auch nur ein Wort notierst, mischen sich alle möglichen Stimmen ein: Der „Lehrer" zweifelt an Deiner Grammatik, der „Perfektionist" findet die Idee nicht gut genug, und der „Angsthasen-Club" sagt, dass es sowieso niemand liken wird. Am Ende bleibt das Papier leer, und Du zweifelst daran, ob Du überhaupt etwas schreiben solltest – und letztendlich zweifelst Du auch an Dir selbst.

> **Was tun?**
> Erkenne, dass dieser destruktive innere Dialog nicht die Realität widerspiegelt. Es ist nur ein vielstimmiger Chor, der sich gerne mal irrt. Tritt diesen Stimmen bewusst entgegen. Hinterfrage ihre Kritik und ersetze die heftigen Kommentare durch positive, aufbauende Gedanken. Sag Dir: Jede Zeile, die Du schreibst, bringt Dich weiter. Fehler gehören dazu und sind Teil des kreativen Prozesses. Ermutige Dich selbst, das leere Blatt zu füllen, indem Du Dir erlaubst, unperfekt zu sein und trotzdem wertvoll und genug. Du verdienst es, mit Respekt und Mitgefühl behandelt zu werden, auch von Deinem „inneren Dorf". Beruhige die lauten Kritiker in Deinem Kopf und lasse Deine eigene, unterstützende Stimme lauter werden.

1.6 Stolperstein 6 – Prokrastination

Stell Dir vor, Du hast ein dickes Fachbuch vor Dir liegen, welches Du unbedingt lesen solltest. Du nimmst es in die Hand, öffnest es, aber anstatt zu lesen, beschließt Du erst einmal, die perfekte Leseposition zu finden. Dann denkst Du, vielleicht sollte ich vorher noch einen Tee machen? Und dann, ach, der Raum könnte gemütlicher sein, besser erst mal das Kissen aufschütteln. Am Ende des Tages hast Du das Buch kein einziges Mal aufgeschlagen. Es ist eine Art Selbstbestrafung. Tief in Dir weißt Du, dass dieses Nicht-Handeln, dieses Aufschieben Dir nicht guttut. Es raubt Dir die Freude, die Du beim Lernen hättest und hinterlässt stattdessen ein Gefühl von Frustration und Unzufriedenheit. Du möchtest so sehr beginnen, aber je länger Du wartest, desto schwerer wird es.

Indem Du zögerst, fügst Du Dir selbst Schaden zu – nicht nur, weil Du das Fachbuch nicht liest, sondern weil Du Dir selbst immer wieder signalisierst, dass Du nicht bereit bist, etwas für Dich und dein Business zu tun. Das führt zu innerem Stress und Unruhe, weil Du tief im Inneren spürst, dass Du Dich selbst blockierst.

> **Was tun?**
> Mache den ersten Schritt, öffne das Fachbuch, lies die erste Seite – und lass den Rest einfach geschehen. So befreist Du Dich aus dem Kreislauf der Selbstbestrafung und schenkst Dir die Freude des Tuns. Erkenne die wahren Ursachen Deiner Prokrastination. Meistens sind es Glaubenssätze, die Angst vorm Versagen, Selbstsabotage, Perfektionismus oder pure Überforderung. Erlaube Dir loszulegen, auch wenn Unsicherheiten und Ängste im Raum stehen. Konzentriere Dich auf den Start. Mache den ersten Schritt und Du wirst sehen, wie das Buch Dich mitreißt und Du es nicht mehr weglegen willst. Prokrastination besiegst Du, indem Du einfach loslegst.

1.7 Stolperstein 7 – Fehlendes Handeln

Stell Dir vor, Du hast ein Fahrrad, mit dem Du an ein bestimmtes Ziel kommen möchtest. Du kennst jede Schraube, Du bist trainiert, weißt also genau, wie Du in die Pedale treten musst und welche Route die schnellste ist. Aber anstatt loszufahren, sitzt Du da und planst, wie Du die perfekte Fahrt hinlegen kannst. Das Problem? Du wirst nie ankommen, solange Du nicht endlich in die Pedale trittst.

Das Verharren in der Theorie, kennst Du es? Das endlose Planen, Überlegen und Analysieren, ohne jemals wirklich ins Handeln zu kommen. Viele bleiben genau hier stecken und setzen ihr Wissen und ihre Ideen nicht in die Tat um.

> **Was tun?**
> Wissen bringt Dich nur dann ans Ziel, wenn Du es auch anwendest, stimmst Du mir zu? Erinnere Dich daran, dass der Drang nach Perfektion eher den Fortschritt blockiert. Statt ewig zu grübeln und den perfekten Moment abzuwarten, steige einfach auf Dein Fahrrad und tritt in die Pedale. Hauptsache, Du kommst in Bewegung. Mache den Anfang und Du wirst sehen, wie sich der Weg zeigt. Lege los, Du kannst das. Und bevor Du Dich versiehst, bist Du schon auf Deinem Weg.

1.8 Stolperstein 8 – Destruktives Selbstbild

Stell Dir vor, Du stehst vor einem Spiegel. Aber, statt Deine Stärken und Talente zu sehen, fokussierst Du Dich nur auf die vermeintlichen Schwächen. Du übersiehst das Potenzial, das in Dir steckt, weil Du Dich selbst kleinredest. Dein Selbstbild ist der Filter, durch den Du die Welt – und Dich selbst – siehst. Wenn dieser Filter verzerrt ist, verpasst Du die Chance, Dein volles Potenzial zu entfalten. Noch komplexer wird es, wenn Deine inneren Gespräche ständig grau sind: „Das reicht nicht", „Andere sind besser". Diese Denkweise blockiert Deine Stärken – und ihren Einsatz im Business. Ein mangelndes Selbstbewusstsein kreiert ein destruktives Selbstbild. Wenn Du kein positives Bild von Dir selbst hast, fehlt Dir die Grundlage für den Erfolg. Selbstbewusstsein, Selbstfürsorge, Selbstsicherheit, Selbstfreundlichkeit und Selbstmitgefühl sind essenziell, um erfolgreich zu sein. „Dein Selbst" steht immer im Mittelpunkt, ohne „Dich Selbst" kannst Du keinen Erfolg erreichen.

1 Wie Du mit Stolpersteinen Feuer machst

Was tun?

Zeit, den Spiegel neu einzustellen. Die gute Nachricht ist, dass Du Dein Selbstbild komplett neu erschaffen kannst. Was Du im Spiegel siehst, entscheidest Du selbst. Beginne damit, Dich auf Deine Stärken und Talente zu konzentrieren. Die Positive Psychologie (vgl. Seligman, 2005) zeigt uns, dass der Fokus auf das, was wir gut können, uns glücklicher und erfolgreicher macht. Erkenne Deine Fähigkeiten an und nutze sie bewusst in Deinem Business. Rede Dir nicht ein, dass Du nicht genug bist – kenne Deine Stärken und setze sie ein. Rede Dir ein, dass Du wunderschön, großartig, mächtig, kraftvoll, erfolgreich, glücklich, gesund, harmonisch, liebevoll, inspirierend, mutig, klug, kreativ, selbstbewusst, stark, charismatisch, voller Energie und einzigartig bist. Frage Dich: Was sind meine einzigartigen Stärken? Wie kann ich diese Talente nutzen, um mein Business voranzubringen? Sei dabei ehrlich und wohlwollend mit Dir selbst. Positive Selbstgespräche und eine gesunde Selbsteinschätzung bauen Dein starkes Selbstbild auf. Wenn Du bestimmte Fähigkeiten benötigst, um in Deinem Business erfolgreich zu sein und sie noch nicht zu Deinen Stärken zählen, dann trainiere so lange, bis sie es werden. Durchhaltevermögen und Training schlagen Talent. Mache Dir auch Deine Talente bewusst, setze sie gezielt ein und entwickle neue Fähigkeiten durch Training, Fokus, Entschlossenheit und Willen. Lerne, Dich selbst so zu sehen, wie Du wirklich bist – voller Stärken, Talente und Fähigkeiten, die Dich einzigartig machen, mit einem unerschöpflichen Potenzial, das in Dir steckt. Entdecke Deine innere Kraft, Deinen Mut, Deine Kreativität und Deinen Willen, Großes zu erreichen. Erkenne, dass Du wertvoll, inspirierend und fähig bist, Deine Träume zu verwirklichen. Deine Veränderung beginnt mit Deinem positiven Selbstbild, das Dir die Energie gibt, groß zu denken und entsprechend zu handeln. Dein Erfolg stellt sich ein, wenn Du anfängst, an Dich und Deine Fähigkeiten zu glauben und sie mutig einzusetzen. Du bist großartig. Nimm es an und lass es nach außen wirken.

1.9 Stolperstein 9 – Fehlende Leidenschaft

Stell Dir vor, Du stehst vor einem riesigen Projekt, aber es fühlt sich an wie eine Pflichtübung und nicht wie eine Herzensangelegenheit. Du weißt was zu tun ist, aber die Begeisterung fehlt und ohne diese Leidenschaft ist es kaum möglich, die nötige Energie und Ausdauer aufzubringen, um große Visionen Wirklichkeit werden zu lassen. Leidenschaft ist der treibende Funke, der das Feuer Deiner Bestrebungen entzündet und am Leben hält. Ohne diesen Funken wird es eine Herausforderung, Hindernisse zu überwinden und konsequent an Deinen Projekten zu arbeiten.

> **Was tun?**
> Finde heraus, was Dich wirklich antreibt. Was lässt Dein Herz schneller schlagen? Welche Projekte und Ideen bringen Dich innerlich zum Leuchten? Das sind die Dinge, für die Du bereit bist, alles zu geben. Wenn Du für etwas brennst, wirst Du die Energie finden, auch die größten Herausforderungen zu meistern und Deine Visionen in die Realität umzusetzen. Finde Deine Leidenschaft, sie ist der Antrieb, den Du brauchst, um Großes zu erreichen. Lass sie Dein Motor sein, der Dich immer wieder aufs Neue antreibt, selbst wenn der Weg steinig wird. Wenn Du das Feuer in Dir entfachst, wirst Du Hindernisse überwinden und die Energie haben, Deine Visionen konsequent zu verfolgen und zu verwirklichen. Bist du „on fire"?

1.10 Stolperstein 10 – Zu sehr auf Geld fokussiert

Stell Dir vor, Du sitzt in einem Raum ohne Fenster und alles, woran Du denken kannst, ist, wie Du da rauskommst. Menschen, die kein Geld haben, stecken eher in so einem Raum fest, sie fixieren sich so stark auf das Geldverdienen, dass es zu einem Zwang wird. Jeder Gedanke kreist um die Frage, wie man mehr Geld bekommt und das blockiert die Kreativität und hindert Dich daran, wirklich erfolgreich zu sein. Wenn Du nur ans Geld denkst, wird es komplex, über den Tellerrand zu schauen. Diese Fixierung schränkt Deine Denkweise ein und erstickt Deine Kreativität. Sie brauchst Du aber, um innovative Lösungen zu finden, echte Mehrwerte zu schaffen und langfristig erfolgreich zu sein. Erfolg, der nur auf Geld basiert, ist flüchtig. Wahre Erfolge entstehen, wenn Du Dich darauf konzentrierst, etwas von Bedeutung zu schaffen, das über den finanziellen Gewinn hinausgeht.

> **Was tun?**
> Verändere Deine Einstellung zu Geld. Anstatt es als einziges Ziel zu sehen, betrachte es als ein Mittel, um Deine größeren Visionen zu verwirklichen. Richte Deinen Fokus darauf, wie Du durch Deine Arbeit echten Wert schaffen kannst, für andere und für Dich selbst. Erinnere Dich: Der wahre Erfolg kommt, wenn Du Dich darauf fokussierst, echten Nutzen zu stiften und einen Unterschied zu machen. Das Geld wird fließen, wenn Du nicht krampfhaft danach jagst, sondern es als natürlichen Teil deines Weges zum Erfolg siehst. Verdienen kommt von Mehrwert schaffen – und wenn Du das verinnerlichst, wird Geld nicht länger eine Barriere sein, sondern ein Begleiter auf Deinem Weg zu nachhaltigem Erfolg.

1.11 Stolperstein 11 – Zu wenig Fokus auf Geld

Stell Dir vor, Du sitzt in einem riesigen, lichtdurchfluteten Raum mit Fenstern in alle Richtungen. Du kannst weit sehen, überall hin. Die Möglichkeiten liegen vor Dir, aber ohne die richtigen Werkzeuge kommst Du nicht einen Schritt voran. Diese Fenster symbolisieren all die Chancen und Potenziale, die Du hast, aber ohne Geld – das nötige Werkzeug – bleiben sie genau das: nur schöne Aussichten, die Du nie erreichen wirst. Geld ist ein Werkzeug, welches Dir hilft, all diese Möglichkeiten, die Du durch die Fenster siehst, zu ergreifen und zu realisieren. Wenn Du das Geld aus dem Fokus verlierst, werden diese Chancen zwar sichtbar, aber unerreichbar. Du kannst die besten Ideen haben und die tiefste Hingabe spüren, aber ohne die finanziellen Mittel wirst Du nie wirklich das volle Potenzial ausschöpfen. Ein zu geringer Fokus auf Geld führt dazu, dass Deine Projekte nicht die Energie bekommen, die sie brauchen, um wirklich erfolgreich zu sein.

> **Was tun?**
> Erkenne, dass Geld kein Gegner Deiner Werte ist, Geld ist Dein notwendiger Partner. Es ist das Mittel, das Dir die Freiheit gibt, Deine Visionen zu verwirklichen und langfristig Gutes zu tun. Um diesen Stolperstein aus dem Weg zu räumen, musst Du Deine Glaubenssätze über Geld hinterfragen und neu ausrichten. Geld zu verdienen ist nicht unethisch oder egoistisch. Im Gegenteil, es gibt Dir die Mittel, um mehr Menschen zu helfen und größeren Einfluss zu nehmen. Lerne, den Fokus sowohl auf das Dienen als auch auf das Verdienen zu legen. Diese Balance ist entscheidend, um Deine Projekte nachhaltig und wirkungsvoll umzusetzen. Frage Dich, wie Du den größtmöglichen Nutzen für Deine Kunden schaffen kannst und wie Du gleichzeitig finanziell erfolgreich bist. Erfolg ist das Ergebnis von Hingabe und dem Wunsch, einen positiven Unterschied zu machen. Du darfst sowohl spirituell und sozial engagiert als auch finanziell erfolgreich sein. Beides ergänzt sich, und genau das ist der Schlüssel, um Deine Visionen in die Welt zu tragen.

1.12 Stolperstein 12 – Hart arbeiten

Stell Dir vor, Du ziehst einen schweren Karren den ganzen Weg einen Berg hinauf, während daneben eine Seilbahn fährt, die Dich unterstützen könnte. Weil Du gelernt hast, dass nur harte Arbeit zählt, ignorierst Du die Seilbahn und kämpfst Dich weiter vorwärts. Viele von uns stecken genau in dieser Denkweise fest: Nur wenn es schwer ist, ist es auch wertvoll. Diese Überzeugung kann Dich auf Deinem Weg zum Erfolg ausbremsen und erschöpfen.

> **Was tun?**
> Ganz einfach, lasse die alte Vorstellung los, dass Erfolg immer durch harte Arbeit und Mühe erlangt werden muss. Erlaube Dir, nach Wegen zu suchen, die sich leicht und natürlich anfühlen. Schau, ob es eine „Seilbahn" gibt, die Dich schneller und mit weniger Kraftaufwand an Dein Ziel bringt. Leichtigkeit bedeutet nicht, dass Du weniger engagiert bist, es bedeutet, dass Du schlauer arbeitest, nicht härter. Erfolg kannst Du auch durch einfache, harmonische Prozesse erreichen. Indem Du Dich von der Idee verabschiedest, dass alles schwer sein muss, öffnest Du Dir neue Möglichkeiten. Lass es leicht sein, genieße den Weg und nutze die Ressourcen, die Dir zur Verfügung stehen, um effizienter und mit mehr Freude voranzukommen.

1.13 Stolperstein 13 – Zu glauben, dass es um äußere Umstände geht

Stell Dir vor, Du bist überzeugt, dass Du nur dann ein Feuer entfachen kannst, wenn Du den perfekten Zündplatz findest und das allerbeste Holz hast. Du suchst und suchst während andere längst ein Feuer gemacht haben – egal, wo sie sind oder was sie benutzen. Das ist der Denkfehler, in den viele verfallen: Der Glaube, dass Erfolg nur unter idealen äußeren Bedingungen möglich ist. Doch in Wahrheit liegt der Schlüssel zum Erfolg nicht in den Umständen, sondern in Dir. Bist Du derjenige oder diejenige, der unter allen Umständen die Fähigkeit und die Kraft besitzt, ein Feuer zu entfachen? Oder bist Du das nicht?

> **Was tun?**
> Erkenne, dass es nicht darauf ankommt, ob die äußeren Bedingungen perfekt sind. Es kommt auf Dich an. Deine innere Stärke, Dein Selbstvertrauen und Deine Entschlossenheit sind entscheidend. Wenn Du glaubst, dass Du nur unter bestimmten Bedingungen erfolgreich sein kannst, legst Du Dir selbst unnötige Fesseln an. Der wahre Erfolg hängt von der Person ab, die Du bist, Deinen Fähigkeiten, Deinem Wissen, Deiner Einstellung und Deinem Durchhaltevermögen. Wenn Du diese Eigenschaften entwickelst, wirst Du unter allen Umständen, zu jeder Zeit und mit jedem Produkt erfolgreich sein. Es geht nicht darum, perfekte Bedingungen zu finden, sondern darum, diejenige zu werden, die Erfolg in jeder Situation schafft. Statt nach den idealen äußeren Umständen zu suchen, investiere in Dich selbst. Entwickle Dich weiter, baue Dein Selbstvertrauen auf und werde zu der Person, die Herausforderungen meistert und Chancen erkennt, unabhängig von den äußeren Gegebenheiten. Dein Erfolg liegt nicht im Außen begründet. Entweder bist Du erfolgreich oder nicht und deshalb hast Du Erfolg oder eben nicht. Wenn Du eine Erfolgsmentalität hast, wirst Du auch in globalen Krisenzeiten erfolgreich sein. Dein Erfolg beginnt nicht draußen. Er beginnt mit Dir. Er ist, wer Du bist. Wenn Du das verinnerlichst, wirst Du feststellen, dass die äußeren Umstände plötzlich gar nicht mehr so wichtig sind, weil Du gelernt hast, unter allen Bedingungen zu glänzen.

1.14 Stolperstein 14 – Andere Menschen überzeugen wollen

Stell Dir vor, Du versuchst, ein Feuer zu entfachen. Statt Dich auf das Feuer selbst zu konzentrieren, verbringst Du die meiste Zeit damit, anderen zu erklären, warum dieses Feuer großartig wird. Du drehst Dich um und merkst, dass Du vor lauter Überzeugungsarbeit vergessen hast, das Feuer überhaupt anzuzünden. Genau das passiert, wenn Du zu viel Energie darauf verschwendest, andere von Deinen Ideen zu überzeugen, anstatt selbst ins Handeln zu kommen.

> **Was tun?**
>
> Richte Deinen Fokus nach innen. Es geht nicht darum, andere von Deinem Vorhaben zu überzeugen, es geht darum, Dich selbst zu überzeugen. Überzeuge Dein Gehirn, Deine Gedanken und Deinen Geist davon, dass Dein Vorhaben möglich und wertvoll ist. Sobald Du selbst überzeugt bist, strahlst Du diese innere Sicherheit aus und das wird andere auf natürliche Weise anziehen. Wenn Du wirklich an Dich und Deine Ideen glaubst, wird diese Überzeugung nach außen strahlen. Deine Selbstsicherheit und Entschlossenheit werden sichtbar und, ganz ehrlich, auch magisch ansteckend sein. Du wirst feststellen, dass Du weniger Energie darauf verwenden musst, andere zu überzeugen und stattdessen mehr Zeit und Kraft darauf verwenden kannst, Deine Visionen in die Tat umzusetzen. Deine Überzeugungskraft beginnt also bei Dir selbst. Wenn Du an Dich und Deine Ideen glaubst, wirst Du die notwendigen Schritte unternehmen, um sie zu verwirklichen. Diese innere Stärke und Klarheit werden diejenigen anziehen, die Deine Vision teilen und unterstützen wollen. Konzentriere Dich darauf, Dich selbst zu überzeugen, und der Rest wird folgen. Letztlich musst Du Dein eigenes Feuer entfachen – das Licht, das andere sehen, kommt von der Flamme, die Du selbst in Dir entzündest.

1.15 Stolperstein 15 – Das Gefühl, es nicht zu verdienen

Stell Dir vor, Du bereitest Dich darauf vor, eine Tür zu öffnen, hinter der Dein größter Erfolg wartet. Doch jedes Mal, wenn Du die Hand an die Klinke legst, ziehst Du sie zurück, weil Du denkst: „Das ist nicht für mich." Dieses tief verwurzelte Gefühl, es nicht zu verdienen, blockiert Deinen unternehmerischen Erfolg massiv. Viele Menschen sabotieren sich selbst, indem sie kurz vor dem Durchbruch aufgeben oder Entscheidungen treffen, die ihren Fortschritt untergraben.

> **Was tun?**
> Arbeite an Deinem Selbstwertgefühl. Erkenne, dass Du es genauso wie jeder andere verdienst, erfolgreich, wohlhabend, erfüllt und glücklich zu sein. Es beginnt mit dem Glauben an Dich selbst und an Deinen eigenen Wert. Du bist wertvoll. Du musst Dich von der Vorstellung lösen, dass Erfolg, Wohlstand und Glück nur für andere bestimmt sind. Arbeite daran, Deine destruktiven Glaubenssätze zu verändern. Erfolg und Glück sind kein Privileg für Wenige, sondern ein Recht, das auch Dir zusteht. Verhindere Selbstsabotage, indem Du Dir erlaubst, groß zu träumen und Dir selbst zu vertrauen. Erkenne Deine Erfolge an und feiere jeden Fortschritt. Je mehr Du Dir selbst erlaubst zu glauben, dass Du Erfolg und Glück verdienst, desto eher wirst Du in der Lage sein, erfolgreich und glücklich zu sein. Glaube an Dich selbst, arbeite an Deinem Selbstwertgefühl, und erlaube Dir, das Leben zu leben, das Du Dir wünschst. Erfolg beginnt in dem Moment, in dem Du Dir selbst erlaubst, ihn anzunehmen.

1.16 Stolperstein 16 – Haften am Wert Sicherheit

Ein weiterer Stolperstein auf dem Weg zum unternehmerischen Erfolg ist das starke Haften am Wert Sicherheit. Vor allem in Deutschland ist Sicherheit ein kulturell tief verankerter Wert. Viele Menschen wählen Sicherheit über Freiheit und nehmen dafür erhebliche Einschränkungen in Kauf. Sie entscheiden sich für Jobs, die sie nicht lieben und treffen Entscheidungen aus Angst, die Sicherheit zu verlieren.

Stell Dir vor, Du versuchst, ein Feuer zu entfachen, aber, statt das Risiko einzugehen, es anzuzünden, bleibst Du lieber in der Kälte, weil Du die Sicherheit der gewohnten Umgebung nicht verlassen möchtest. Dieses Festhalten an Sicherheit hält Dich davon ab, Dein volles Potenzial zu entfalten und Deine Träume zu verwirklichen. Um diesen

Stolperstein zu überwinden, ist es wichtig, ein Gleichgewicht zwischen Sicherheit und Freiheit zu finden. Sicherheit kann Dir wichtig sein, aber sie sollte nicht zu Lasten Deiner Freiheit und deines Glücks gehen. Sei bereit, kalkulierte Risiken einzugehen und aus Deiner Komfortzone auszubrechen. Große Chancen und echte Erfüllung warten oft jenseits der sicheren und bekannten Pfade.

> **Was tun?**
> Setze Dir Ziele, die Dich inspirieren, und entwickle Strategien, um die Risiken zu managen, anstatt sie zu vermeiden. Dein inneres Feuer wird heller brennen, wenn Du die Freiheit hast, Deine Leidenschaft zu verfolgen und das Leben zu führen, das Du Dir wünschst. Sei Dir bewusst, dass die Lebenszeit begrenzt ist, und nutze die Zeit, um frei von Angst und Zwängen zu leben. Erlaube Dir, das Leben aus einer inneren Freiheit heraus zu gestalten.

1.17 Stolperstein 17 – Andere verantwortlich machen

Der Weg zum unternehmerischen Erfolg wird häufig auch blockiert, wenn wir uns als Opfer sehen und anderen die Verantwortung zuschieben. Wir Menschen geben gerne Ereignissen aus der Vergangenheit oder Gegenwart die Schuld für unsere Herausforderungen und Misserfolge. Wir nutzen Situationen, Entscheidungen oder Fehler, die wir oder andere gemacht haben als Entschuldigung dafür, dass wir nicht erfolgreich sein können oder dass es nicht funktioniert.

Stell Dir vor, Du versuchst, ein Feuer zu entfachen und jedes Mal, wenn es nicht gelingt, machst Du den Wind, das Holz oder jemand anderen dafür verantwortlich. Solange Du in dieser Opferrolle bleibst, wirst Du nicht die Kontrolle über Dein eigenes Leben und Deinen Erfolg übernehmen.

Was tun?

Um diesen Stolperstein zu überwinden, musst Du die Opferrolle verlassen und radikale Eigenverantwortung für Dein Leben übernehmen. Erkenne, dass Du die Macht hast, Deine Umstände zu verändern und dass Du der Hauptakteur in Deinem eigenen Leben bist. Die Opferrolle zu verlassen, ist eine klassische Säule der Resilienz und ein entscheidender Schritt hin zu persönlichem und beruflichem Erfolg. Indem Du aufhörst, andere verantwortlich zu machen und beginnst, die Verantwortung für Deine eigenen Entscheidungen und Handlungen zu übernehmen, gewinnst Du die Kontrolle über Dein Leben zurück. Dies gibt Dir die Kraft und das Selbstvertrauen, Hindernisse zu überwinden und Deine Ziele zu erreichen. Radikale Eigenverantwortung bedeutet, die Vergangenheit loszulassen und sich auf das Hier und Jetzt zu konzentrieren. Es bedeutet, proaktiv zu handeln und Lösungen zu finden, anstatt in Schuldzuweisungen zu verharren. Wenn Du diese Haltung annimmst, wirst Du feststellen, dass Du in der Lage bist, positive Veränderungen zu bewirken und Dein Leben in die Richtung zu lenken, die Du Dir wünschst. Dein Erfolg liegt in Deinen eigenen Händen. Indem Du die Verantwortung für Dein Leben übernimmst, kannst Du Deine inneren Stärken mobilisieren und Dein inneres Feuer entfachen, um Deine Träume und Ziele zu verwirklichen.

In meinen Trainings, insbesondere in der Stunde „Bist Du on fire?", die jeden Montagmorgen um 6:30 Uhr stattfindet, beginnen wir genau hier: bei der bewussten Entscheidung, Verantwortung zu übernehmen. Eine der zentralen Übungen in dieser Stunde heißt „Entenhausen verlassen". Sie steht sinnbildlich für das bewusste Aussteigen aus der Rolle des jammernden, sich beschwerenden Opfers – der Ente (Schäfer, 2021) in Entenhausen, die quakt, aber nicht fliegt. Stattdessen richten wir unseren Blick nach oben, dorthin, wo die anderen Vogelarten fliegen – allen voran der Kondor, der kraftvollste unter ihnen, besonders in Südamerika verehrt. Der Kondor traut sich, über den Horizont hinauszuschauen und sich nicht länger klein zu halten. Entenhausen zu verlassen bedeutet, die Ente in Dir hinter Dir zu lassen, um in Deine wahre Größe zu kommen – zu dem Kondor zu werden, der Du in Wahrheit bist. Wenn die Teilnehmer dieser Trainingsstunde am frühen Morgen online in ihren

> Wohnzimmern, Gärten oder Schlafzimmern gemeinsam fliegen, dann ist das mehr als eine Übung. Es ist eine Entscheidung für radikale Eigenverantwortung, für Würde, für inneres Wachstum. Statt zu quacken wie eine Ente, erheben sie sich – still, klar und mächtig.

1.18 Stolperstein 18 – Niemandem etwas verkaufen wollen

Viele Unternehmer kämpfen mit dem hinderlichen Glaubenssatz, dass Verkaufen schwierig oder unangenehm sei. Vor allem in Deutschland herrscht oft die Überzeugung, dass Verkaufen etwas Schlechtes ist. Viele Menschen wollen niemandem etwas verkaufen und möchten auch selbst nichts verkauft bekommen. Diese Einstellung hindert sie daran, ihre Dienstleistungen oder Produkte erfolgreich anzubieten.

Stell Dir vor, Du hast mehrere funktionierende Ladegeräte, aber behältst es für Dich, obwohl alle um Dich herum hektisch nach einem Ladegerät suchen, weil ihre Akkus leer sind. Deine Ladegeräte können ihr Problem lösen, wenn du es kommunizierst. Verkaufe deine Ladegeräte, kommuniziere es, löse ihre Probleme. Verkaufen ist Probleme lösen. Ohne Verkaufen gibt es kein erfolgreiches Business, keine florierende Selbstständigkeit und keinen finanziellen Erfolg. Verkaufen ist das Herzstück jedes Unternehmens, da es bedeutet, den Wert Deiner Dienstleistung oder deines Produkts zu kommunizieren und die Menschen zu finden, die genau danach suchen.

> **Was tun?**
> Um diesen Stolperstein zu überwinden, musst Du Deine belastenden Glaubenssätze über das Verkaufen ändern. Erkenne, dass Verkaufen nicht bedeutet, jemanden zu manipulieren oder zu belästigen. Stattdessen geht es darum,

Menschen zu informieren und ihnen dabei zu helfen, Lösungen für ihre „Probleme" und Bedürfnisse zu finden. Es ist ein Akt des Dienens und die Möglichkeit für andere einen Mehrwert zu schaffen. Beginne damit, Verkaufen als etwas Positives und Notwendiges zu sehen. Es ist eine Möglichkeit, anderen zu zeigen, wie Deine Produkte oder Dienstleistungen ihr Leben verbessern können. Indem Du lernst, wie man effektiv und authentisch verkauft, wirst Du in der Lage sein, Dein Business voranzubringen und die entsprechenden Einnahmen zu generieren. Erlaube Dir, stolz auf das zu sein, was Du anbietest, und teile es mit Begeisterung anderen mit. Verkaufen bedeutet, die richtigen Menschen zu finden, die von dem, was Du anbietest, profitieren können. Wenn Du diese Perspektive einnimmst, wirst Du feststellen, dass Verkaufen notwendig und erfüllend ist.

Dein finanzieller Erfolg hängt davon ab, wie gut Du verkaufen kannst. Indem Du Deine Einstellung zum Verkaufen änderst und lernst, es als eine wertvolle Fähigkeit zu betrachten, öffnest Du die Türen zu größerem Erfolg und mehr Möglichkeiten. Glaube an den Wert Deiner Arbeit und scheue Dich nicht, sie der Welt zu präsentieren.

1.19 Stolperstein 19 – Fehlende finanzielle Bildung

Stell Dir vor, Du steigst in ein Auto, trittst aufs Gas, aber hast keine Ahnung, wie man lenkt. Was denkst Du, wie lange Du unbeschadet unterwegs sein wirst? Unvorstellbar? Genauso ist es, wenn Du ein Business führst, ohne zu wissen, wie Du Deine Finanzen managen sollst. In der Schule lernen wir von Algebra bis Gedichte alles – nur nicht, wie man Geld richtig handhabt. Erlaube mir, an dieser Stelle eine Reflexion einzufügen. Weißt Du, was positive und negative Verschuldung bedeutet? Kennst Du den Unterschied zwischen Investitionen und Ausgaben? Kannst Du unterscheiden, ob eine Einnahmequelle aktiv oder passiv ist? (Kiyosaki, 2001). Hast Du Dir schon einmal Gedanken darüber gemacht, wie Deine finanzielle Einstellung Dein Leben und Dein Business beeinflusst?

> **Was tun?**
> Nimm das Thema Geld in die Hand. Was, über Geld spricht man nicht? Wenn Du nicht über Geld sprichst, darüber nachdenkst und es in die Hand nimmst, wirst Du niemals erfolgreich sein. Menschen mit einer Armutsbewusstheit sprechen nicht über Geld, weil sie Unsicherheiten und Ängste damit verbinden. Sie geben dem Geld so viel Macht, dass es ihr Leben bestimmt, und sie denken tatsächlich ständig an das Geld, das sie nicht haben. Menschen mit einer Wohlstandsbewusstheit hingegen denken mit einer gesunden Haltung, mit Liebe und Harmonie an Geld. Sie beschäftigen sich gezielt mit dem Thema, weil sie wissen, dass Geld ein Mittel ist, um gut leben zu können, die eigene Familie zu fördern und die Welt zu bereichern.
> Deine finanzielle Bildung, also wie man strategisch mit Geld umgeht und die Erfolgsmentalität, die man braucht, um erfolgreich zu sein, sind der Weg, um Dein Leben von einer Armutsbewusstheit zu einer Bewusstheit der Fülle zu bringen. Lerne, was Geld wirklich ist. Befreie Dich von negativen Vorstellungen. Beginne, Geld zu schätzen und es gezielt zu nutzen, um Dein Leben und das Leben der Menschen um Dich herum zu verbessern und die Welt zu einem besseren Ort zu machen. Dafür ist Geld da. Durch finanzielle Bildung lernst Du, kluge Entscheidungen zu treffen und Dein Business auf sichere Beine zu stellen.

Wir sind darauf konditioniert, uns nur auf aktive Einnahmequellen zu verlassen, die tägliche Arbeit, das direkte Einkommen. Das Bildungssystem hat uns eher beigebracht, hart zu arbeiten, um Geld zu verdienen. Lerne, passive Einnahmequellen zu erschließen. Das sind die Früchte, die Dir ohne ständige Mühe langfristig Ertrag bringen. Investiere Zeit und Wissen, um diese Einkommensströme aufzubauen. Lerne auch ein Budget zu erstellen und Deine Finanzen zu planen. Ein gut durchdachtes Budget ist ein guter Kompass. Es zeigt Dir, wohin Dein Geld geht und ob Du auf Kurs bleibst. Du willst doch sicherstellen, dass Du genügend Mittel hast, um Deine Geschäftsziele zu erreichen, oder? Verstehe das als Risikomanagement. Absicherungen wie Rücklagen und Versicherungen sind keine unnötigen Ausgaben, sondern Rettungsboote, die Dein Business bei Sturmwetter über Wasser halten. Informiere Dich über Steuern. Steuern gut zu planen und klug zu managen, gibt Dir die Möglichkeit, entspannt zu schlafen und Dein Business mit Zuversicht zu führen. Wenn Du Deine Steuerangelegenheiten im Griff hast, kannst Du Dich mit einem guten Gefühl auf das Wachstum deines Unternehmens konzentrieren. Und schließlich – entwickle das richtige Mindset. Dein finanzieller Erfolg hängt stark davon ab, wie Du über Geld, Risiko und Chancen denkst. Ein starkes Mindset hilft Dir, gute Entscheidungen zu treffen und den Herausforderungen des Unternehmertums mit Zuversicht zu begegnen. Finanzielle Bildung ist der Unterschied zwischen finanzieller Unsicherheit und finanzieller Freiheit. Lerne, wie Du Deine Finanzen managst, und baue Dir eine solide Basis auf, die Dir Sicherheit und Wachstum ermöglicht. So wirst Du aktuelle Herausforderungen meistern und auch langfristig erfolgreich und resilient bleiben. Dein Unternehmen kann nur so stark sein wie Dein Verständnis und Deine Einstellung zu Geld – also nimm Dir die Zeit, diese Fähigkeiten zu entwickeln!

1.20 Stolperstein 20 – Überforderung durch Multitasking

Stell Dir vor, Du jonglierst mit fünf brennenden Fackeln gleichzeitig. Es sieht vielleicht beeindruckend aus, aber irgendwann fällt Dir eine runter – und plötzlich hast Du kein Feuer mehr, sondern ein Problem. Genauso ist es, wenn Du versuchst, in Deinem Business alles auf einmal zu machen. Multitasking mag sich produktiv anfühlen, aber es führt dazu, dass Du Dich verzettelst und nichts wirklich vorankommt.

> **Was tun?**
> Erlaube mir den Mythos des Multitaskings zu durchbrechen. Anstatt zu versuchen, alle Aufgaben gleichzeitig zu erledigen, konzentriere Dich auf das Wesentliche. Fokussiere Dich auf eine Sache und bringe sie erfolgreich zum Abschluss, bevor Du zur nächsten übergehst. Multitasking führt eventuell dazu, dass Du von einer Aufgabe zur nächsten springst, ohne etwas wirklich fertigzustellen. Das fühlt sich vielleicht geschäftig an, aber es ist nicht effektiv. Setze Prioritäten. Was ist gerade jetzt und hier wichtig? Was bringt Dich Deinem Ziel näher? Beginne damit Deine To-Do-Liste zu sortieren und die dringlichsten und wichtigsten Aufgaben zuerst anzugehen. Wenn Du Dich auf eine Aufgabe konzentrierst und sie mit voller Aufmerksamkeit erledigst, wirst Du schneller und effizienter arbeiten. Am Ende des Tages erreichst Du mehr, ohne Dich dabei auszubrennen. Erkenne, dass weniger mehr sein kann. Es geht darum, zu verstehen, dass es unwichtig ist, wie viele Dinge Du gleichzeitig anfängst. Wichtig ist, wie gut Du sie abschließt. Richte Deinen Fokus auf das, was wirklich zählt, und Du wirst merken, dass Deine Produktivität steigt, während der Stress abnimmt. Dein Business wird davon profitieren, wenn Du lernst, bewusst und zielgerichtet zu arbeiten – eine Aufgabe nach der anderen.

1.21 Stolperstein 21 – Nur eine Sache machen

Stell Dir vor, Du setzt alles auf eine Karte – ein einziges Feuer, das Dein gesamtes Haus wärmen soll. Was passiert, wenn dieses Feuer erlischt? Du sitzt im Kalten. Genau das ist die Gefahr, wenn Du Dich in Deinem Business nur auf eine Einnahmequelle oder eine einzige Tätigkeit fixierst. Vielleicht denkst Du, um erfolgreich zu sein, musst Du

Dich voll und ganz auf nur eine Sache konzentrieren. Irgendwie stimmt es schon und doch stimmt es nicht, denn genau das kann Dich verletzlich machen.

Als mein Mann und ich uns ein Haus angeschaut haben, das wir später kauften, war uns eines sofort wichtig: Wie wird es im Winter warm gehalten? Es war ein Haus in den Bergen und dort kann es eisig kalt werden – Schnee, Frost, Stürme. Ein einziger Holzofen reicht da nicht. Deshalb haben wir genau hingeschaut: Gibt es zusätzlich eine Gas- oder Ölheizung? Gibt es Alternativen, wenn eine Wärmequelle ausfällt? Genau diese Vielschichtigkeit beim Heizen war für uns entscheidend – denn ein Haus mit nur einer Heizquelle ist im Ernstfall nicht sicher. Und genau so ist es mit Deinem Business. Wenn Du alles auf eine einzige Einnahmequelle setzt, machst Du Dich angreifbar. Fällt diese eine Sache weg – durch äußere Umstände, gesundheitliche Gründe oder Marktschwankungen – stehst Du plötzlich im Kalten.

> **Was tun?**
> Überdenke Deine Strategie, um Deine Erfolgschancen zu erhöhen. Es kann sinnvoll sein, sich breiter aufzustellen, warum nicht? Erfolgreiche Menschen setzen nicht alles auf eine Karte. Sie diversifizieren ihre Einkommensquellen und Tätigkeiten, um stabiler und flexibler auf Veränderungen reagieren zu können. Das bedeutet nicht, dass Du Dich verzetteln sollst – im Gegenteil. Es geht darum, gezielt mehrere Standbeine aufzubauen, die sich gegenseitig unterstützen und Dir Sicherheit geben.
> Überlege Dir, wie Du Deine Fähigkeiten und Interessen nutzen kannst, um zusätzliche Einnahmequellen zu erschließen. Vielleicht kannst Du neben Deinem Hauptgeschäft noch Beratungsdienste anbieten, ein digitales Produkt entwickeln oder in eine vielversprechende Geschäftsidee investieren. Durch diese Diversifizierung erhöhst Du Deine finanzielle Sicherheit und Deine Chancen auf langfristigen Erfolg. Fixiere Dich nicht auf nur eine Sache. Nutze verschiedene Möglichkeiten, um Deine Ziele zu erreichen und Dein Risiko zu minimieren. Wenn Du Dich breiter aufstellst, bist Du besser ge-

rüstet, um auf Herausforderungen zu reagieren und die sich bietenden Chancen zu nutzen. Schaffe Dir mehrere Einkommensquellen und Tätigkeiten, die Dir helfen, stabil und erfolgreich zu bleiben – egal, was kommt.

Ein prominenter Vertreter dieser Denkweise ist Robert Kiyosaki, Autor des Bestsellers *Rich Dad Poor Dad*. Seine Philosophie betont die Wichtigkeit, nicht für Geld zu arbeiten, sondern Systeme zu erschaffen, die für Dich arbeiten. Er unterscheidet klar zwischen aktiver Arbeit und passivem Einkommen. Kiyosaki rät dazu, mehrere Einkommensströme aufzubauen, z. B. durch Immobilien, Unternehmen, Lizenzen oder digitale Produkte – alles Systeme, die auch dann Geld generieren, wenn Du gerade nicht aktiv arbeitest. Fixiere Dich nicht auf nur eine Sache. Denk in Systemen, nicht in Einzelteilen. Stärke Deine Selbstständigkeit durch Vielfalt, nicht durch Einseitigkeit.

1.22 Stolperstein 22 – Fehlende Balance zwischen Arbeit und Leben

Stell Dir vor, Du zündest ein Feuer an, das so hell und heiß brennt, dass es alles andere in den Schatten stellt, auch deine Bedürfnisse und dein Wohlbefinden. Du bist so fasziniert von den Flammen deines Geschäftes, dass Du vergisst, Wasser zu trinken, etwas zu essen oder Dich selbst zu wärmen. Irgendwann brennt das Feuer deines Geschäftes zwar weiter, aber Du merkst, dass Dir die Energie ausgeht – und bevor Du Dich versiehst, bist Du ausgebrannt. Genau das passiert, wenn Du Dich nur auf Dein Business konzentrierst und die Balance zwischen Arbeit und Leben aus den Augen verlierst.

Was tun?
Bringe Dir die Balance zurück in Dein Leben. Dein Business ist wichtig, genauso wichtig ist Dein Wohlbefinden. Du bist das Herzstück Deines Unternehmens. Wenn Du Dein Business bist,

solltest Du nicht nur Dein Unternehmen im Blick haben, sondern auch Dich selbst. Lass Deine Arbeit und Dein Leben miteinander verschmelzen, sodass Du im Flow agierst. Vergiss dabei jedoch nicht, dass Dein Leben außerhalb des Business ebenso zählt, auch wenn beides untrennbar miteinander verbunden ist. Du kannst kein dauerhaftes Feuer für dein Geschäft unterhalten, wenn Du selbst völlig ausgebrannt bist. Erfolgreiche Unternehmer wissen, dass intensiv zu arbeiten genauso essenziell ist, wie auch sich selbst zu pflegen und Energie zu tanken. Plane bewusst Zeit für Erholung und persönliche Interessen ein. Gönn Dir Pausen, in denen Du Dich entspannen und regenerieren kannst. Das ist eine Notwendigkeit. Wenn Du Dir diese Zeit nicht nimmst, riskierst Du, dass Dein inneres Feuer erlischt. Denk daran: Eine ausgeglichene Lebensweise gibt Dir die Energie, die Du brauchst, um langfristig erfolgreich zu sein. Wenn Du auf Dein Wohlbefinden achtest, wirst Du produktiver, kreativer und belastbarer sein. Dein Business wird davon profitieren, wenn Du gesund und motiviert bleibst. Also, sorge dafür, dass Dein inneres Feuer kraftvoll brennt. Plane bewusst Zeit für Dich selbst ein und pflege Deine persönlichen Interessen. Das ist der Schlüssel, um auf Dauer erfolgreich und glücklich zu bleiben.

1.23 Stolperstein 23 – Das Umfeld stimmt nicht

Stell Dir vor, Du wanderst durch einen dichten Wald auf der Suche nach einem klaren, sonnigen Platz, um Dich auszuruhen und neue Sonnenenergie zu tanken. Die Menschen um Dich herum gehen aber in eine andere Richtung, sie führen Dich tiefer in den Wald hinein, wo die Bäume dichter werden und die Dunkelheit zunimmt. Du möchtest aber Sonne. Du merkst, dass Du von Deiner eigentlichen Richtung abkommst, weil Du Dich zu sehr von Deinem Umfeld beeinflussen lässt. Genau das passiert, wenn Du von einem Umfeld umgeben bist, das Deine Richtung nicht nährt. Es kann sein, dass die Menschen um Dich herum nicht an Deinen Träumen teilhaben, Deine Ambitionen kleinreden oder Dich ständig in eine Richtung drängen, die nicht Deine eigene ist. Dieses Umfeld schwächt Dich, Deine Motivation und Deinen Glauben an Dich selbst. Es fällt Dir schwer, Dein inneres Feuer zu entfachen, wenn Du ständig damit beschäftigt bist, gegen den Strom zu schwimmen.

> **Was tun?**
> Mache Dir bewusst, welche Einflüsse aus Deinem Umfeld auf Dich wirken. Stell Dir die Frage: Ziehen diese Menschen mich herunter oder heben sie mich hoch? Unterstützen sie meine Visionen oder versuchen sie, mich davon abzubringen? Wenn Du erkennst, dass bestimmte Menschen Dich in eine Richtung führen, die nicht Deiner eigenen entspricht, dann ist es Zeit, etwas zu verändern. Fokussiere Dich auf die Menschen, die Dir guttun, die Dich inspirieren und ermutigen. Diese Menschen werden Dich dabei unterstützen, Deinen eigenen Weg zu gehen, selbst wenn er anders ist als ihrer. Suche bewusst den Austausch mit Gleichgesinnten, die Deine Leidenschaft teilen und Dich in Deinem Wachstum bestärken. Manchmal bedeutet das, Entscheidungen zu treffen und Dich von Menschen zu distanzieren, die Dich von der Sonne fernhalten. Denke daran, dass Du das Umfeld, in dem Du Dich bewegst, aktiv gestalten kannst. Umgib Dich mit positiven, inspirierenden Menschen, die an Dich glauben und Deine Träume unterstützen. Nur so schaffst Du Dir den Raum, den Du brauchst, um Dein inneres Feuer am Brennen zu halten und Deinen eigenen Weg zu gehen. Es liegt an Dir, das Licht in Deinem Leben zu entfachen und zu bewahren.

1.24 Resilienz: Aus jedem Stolperstein gestärkt hervorgehen

Diese 23 Stolpersteine repräsentieren nur einen kleinen Teil dessen, was uns auf unserem unternehmerischen Weg begegnen kann. Es gibt noch unzählige mehr, manchmal gut getarnt und schwer zu erkennen. Jeder einzelne Stein bietet die Gelegenheit innezuhalten, zu wachsen und gestärkt weiterzugehen.

2

Die Eiche als Metapher für Dein Business

Als erfolgreiche Unternehmer:in bist Du wie eine Eiche (s. Abb. 2.1), die durch ihre Stärke und Beständigkeit wächst. Du schaffst Arbeitsplätze und bietest anderen einen sicheren Ort zum Wachsen. Deine Arbeit trägt zur Zukunft der Gemeinschaft und Umwelt bei.

Abb. 2.1 Die tief verwurzelte Eiche. (Gezeichnet von Lisa Zanutto & Sophie Pitka)

2.1 Rückschläge – Unaufhaltsam nach vorne gehen

Rückschläge sind Teil des Lebens, auch im Unternehmertum. Sie sind nicht das Ende. Stelle Dir eine mächtige Eiche vor, deren Äste und Zweige abgeschnitten wurden. Dieser Baumschnitt erscheint auf den ersten Blick drastisch, er birgt aber ein enormes Potenzial für neues Wachstum und Stärke.

Die Metapher der Eiche und des Baumschnitts

Wenn nur Äste und Zweige entfernt werden, kann die Eiche wahrscheinlich problemlos nachwachsen. Ein richtiger Schnitt, der die Wachstumszone nicht beschädigt, fördert sogar das Wachstum neuer Triebe. Diese neue Vitalität zeigt sich in kräftigeren, gesünderen Zweigen und einer dichteren Krone. So wie die Eiche nach einem Schnitt mit neuem Leben erfüllt wird, gehen wir auch nach Rückschlägen gestärkt und erneuert hervor.

Rückschläge als Chance zur Regeneration
In unserem beruflichen und unternehmerischen Leben bedeutet das, dass Rückschläge und gescheiterte Projekte keine endgültigen Niederlagen sind. Sie sind Gelegenheiten zur Regeneration und zur Stärkung unserer Fähigkeiten und Entschlossenheit. Wenn sich Türen und Fenster schließen, tun sich neue Horizonte auf, die uns herausfordern, stärker und kreativer zu werden.

> **Eichenweisheit**
> Rückschläge fordern uns heraus, unaufhaltsam nach vorne zu gehen. Wenn Projekte scheitern oder Pläne durchkreuzt werden, entwickeln wir neue Ideen und Strategien. Diese Herausforderungen stärken unsere Resilienz und lassen uns wachsen. Sei unaufhaltsam. Wie die Eiche, die nach einem Schnitt stärker und vitaler wächst, kannst auch Du aus Deinen Rückschlägen Kraft schöpfen. Es ist diese Fähigkeit zur Erneuerung und Anpassung, die Dich unaufhaltsam macht.

Neue Kraft aus Rückschlägen schöpfen
Rückschläge sind nicht das Ende des Weges, sie sind der Beginn einer neuen Phase des Wachstums. Sie zwingen uns, unsere bisherigen Ansätze zu überdenken und neue Wege zu finden, um unsere Ziele zu erreichen. Dies ist ein wesentlicher Bestandteil der unternehmerischen Resilienz.

Wachstumschancen erkennen: Ein abgeschnittener Ast bedeutet nicht das Ende der Eiche, sondern die Möglichkeit, neue, stärkere Triebe zu entwickeln. Ebenso eröffnen uns Rückschläge die Chance, neue Fähigkeiten zu erlernen und kreative Lösungen zu finden.

Kreativität und Anpassungsfähigkeit: Wenn sich bekannte Wege schließen, müssen wir kreativ und anpassungsfähig sein. Diese Eigenschaften sind essenziell, um in einem sich ständig verändernden unternehmerischen Umfeld erfolgreich zu sein.

> **Eichenweisheit**
>
> Die unternehmerische Haltung ist klar: Rückschläge entmutigen uns nicht, sie spornen uns an. Wie die Eiche, die nach einem Baumschnitt mit neuer Kraft erblüht, gehen wir auch aus unseren Rückschlägen gestärkt hervor. Es ist wichtig, unaufhaltsam nach vorne zu gehen, auch wenn Türen sich schließen oder Hindernisse auftauchen. Lass Dich nicht von Rückschlägen aufhalten. Nutze sie als Sprungbrett für neues Wachstum und größere Erfolge. Sieh Rückschläge nicht als Endpunkte, sondern als Herausforderungen, die Deine Fähigkeiten und Entschlossenheit stärken. Durch diese Einstellung und Resilienz kannst Du aus jedem Rückschlag neue Kraft schöpfen und weiterhin Deine beruflichen und unternehmerischen Ziele verfolgen. Sei wie die Eiche, stark, widerstandsfähig und immer bereit, neue Höhen zu erreichen.

2.2 Was ist also Resilienz?

Resilienz hat viele Gesichter, besonders im Unternehmertum. Resilienz ist zum Beispiel die Fähigkeit, nach einem Scheitern den Schalter von Rückschritt auf Fortschritt zu stellen. Resilienz in der Unternehmensführung und Selbstständigkeit bedeutet, dass Du die Fähigkeit entwickelst, aus Rückschlägen und Scheitern zu lernen und immer wieder aufzustehen. Viele erfolgreiche Unternehmer sind zunächst gescheitert, bevor sie ihren Durchbruch hatten. Das Scheitern ist kein Zeichen des Versagens, sondern eine Gelegenheit zum Lernen und Wachsen. Es ist also die Fähigkeit, trotz wiederholter Rückschläge weiterzumachen und sich nicht entmutigen zu lassen. Erfolgreiche Unternehmer sehen ihre Misserfolge als wertvolle Erfahrungen, die ihnen helfen, in Zukunft bessere Entscheidungen zu treffen und kreative Lösungen zu finden.

Resilienz im unternehmerischen Kontext beschreibt die Beharrlichkeit und den Willen, trotz mehrmaligem Scheitern immer wieder neue Wege zu finden. Diese innere Stärke und Entschlossenheit ermöglichen es Dir, selbst aus den tiefsten Rückschlägen kreative und innovative Geschäftsmodelle zu entwickeln, die Dich schließlich zum Erfolg führen.

Resilienz bedeutet für Dich als Unternehmer:in flexibel auf Veränderungen zu reagieren und auch in komplexen Zeiten durchzuhalten. Du erholst Dich schnell von Rückschlägen und nutzt sie als Chancen zum Wachsen. Mit einem positiven Mindset siehst Du in jeder Herausforderung eine Möglichkeit, weiterzukommen. Du entwickelst Strategien, um Krisen zu meistern und gehst gestärkt aus ihnen hervor.

Resilienz als Unternehmer:in und Selbstständige:r bedeutet auch, dass Du komplexe Situationen akzeptierst, ohne in die Opferrolle zu fallen. Du richtest Deinen Blick nach vorne und planst aktiv Deine Zukunft, anstatt Dich von Rückschlägen lähmen zu lassen. Dabei baust Du auf Dein Netzwerk und nutzt es, um Unterstützung zu finden und gemeinsam Lösungen zu entwickeln. Du erkennst an, was Du nicht ändern kannst, konzentrierst Dich auf das, was Du beeinflussen kannst, und bleibst dabei entschlossen und handlungsfähig. Zusammengefasst geht es darum, flexibel zu bleiben, das Unveränderbare zu akzeptieren und das Unmögliche mutig zu gestalten.

2.3 Die gepflegte oder wilde Eiche – Angestellt oder Selbstständig

Als Angestellte:r arbeitest Du für ein Unternehmen oder eine Organisation und erhältst ein festes Gehalt für Deine Leistungen. Deine Aufgaben sind meist klar definiert und Du arbeitest innerhalb der Strukturen und Prozesse, die das Unternehmen vorgibt. Dein Einkommen ist unabhängig von der täglichen Leistung, sondern basiert auf Deinem Arbeitsvertrag. Du hast weniger Verantwortung für das Gesamtergebnis des Unternehmens und fokussierst Dich auf Deine spezifischen Aufgaben.

Als Selbstständige:r arbeitest Du auf eigene Rechnung und bist für Dein eigenes Geschäft verantwortlich. Du kümmerst Dich um alle Aspekte deines Unternehmens, von der Kundenakquise über die Buchhaltung bis zur eigentlichen Leistungserbringung. Dein Einkommen hängt direkt von Deinem Erfolg und Deinem täglichen Einsatz ab. Du trägst die volle Verantwortung für den Geschäftserfolg und hast größere Freiheit, aber auch mehr Risiken und Unsicherheiten.

Wo Wurzeln Flügel bekommen

Die Eiche
Stell Dir vor, Du betrachtest zwei verschiedene Eichen, die unterschiedliche Entwicklungsstadien repräsentieren.
Angestellt sein: Der gepflegte Baum in einer Plantage
Als Angestellte:r bist Du wie eine Eiche, die in einer sorgfältig gepflegten Plantage wächst. Du hast einen festen Platz, bist gut versorgt und wirst regelmäßig gepflegt. Dein Wachstum und Dein Wohlstand hängen von den Gärtnern ab, die Dich hegen und umsorgen – das Unternehmen. Deine Aufgaben sind klar definiert und Du hast eine strukturierte Umgebung, in der Du gedeihen kannst. Dein Platz ist sicher, solange Du die Erwartungen erfüllst und Du bist ein Teil eines größeren Ganzen, das zusammenarbeitet, um die Plantage gesund zu halten.

2 Die Eiche als Metapher für Dein Business

> **Selbstständig sein: Die wilde Eiche im Wald**
> Als Selbstständige:r bist Du wie eine wilde Eiche, die in einem natürlichen Wald wächst. Du musst Deinen eigenen Weg finden, Dich selbst um Wasser und Nährstoffe kümmern und Dich mit den Umständen auseinandersetzen. Deine Freiheit ist größer, aber Du trägst auch mehr Risiken. Du bist dafür verantwortlich, den passenden Lebensraum zu finden, an dem Du wachsen kannst und musst Dich ständig an wechselnde Bedingungen anpassen. Dein Erfolg hängt direkt von Deinem eigenen Einsatz und Deiner Fähigkeit ab, Ressourcen effektiv zu nutzen.
>
> **Vom gepflegten Baum zur wilden Eiche**
> Die Eiche in der Plantage wächst in einer geschützten Umgebung mit klaren Strukturen und regelmäßiger Pflege, was das Angestelltenverhältnis widerspiegelt. Die wilde Eiche im Wald hingegen muss sich selbst behaupten, ihre eigenen Ressourcen finden und ihre Umgebung aktiv gestalten, was das Selbstständig sein symbolisiert.

Vom angestellt Sein zur Selbstständigkeit

Der Wechsel vom Angestelltenverhältnis zur Selbstständigkeit bedeutet, von einer strukturierten, sicheren Umgebung in eine freiere, aber auch herausforderndere Umgebung zu wechseln. Du gehst von der gepflegten Plantage in den wilden Wald, wo Du selbst die Verantwortung für Dein Wachstum und Deinen Erfolg übernimmst. Es erfordert Mut, Eigeninitiative und die Bereitschaft, Risiken einzugehen, bietet aber auch die Freiheit und die Möglichkeit, Dein eigenes Wachstum und Deine Zukunft selbst aktiv zu gestalten.

2.4 Vom jungen Setzling zur Eiche – Selbstständig sein und Unternehmertum

Der Unterschied zwischen selbstständig sein und Unternehmer sein liegt hauptsächlich im Umfang der Verantwortung, der Art der Tätigkeiten und der strategischen Ausrichtung.

Als Selbstständige:r trägst Du viele Hüte. Vom Vertrieb bis zur Buchhaltung, von der Planung bis zur Umsetzung – alles liegt in Deinen Händen. Dein Geschäft ist stark von Deiner persönlichen Arbeitskraft und Deinem direkten Engagement abhängig. Du bist in alle Details involviert und Dein Einkommen hängt direkt von Deinem täglichen Einsatz ab.

Als Unternehmer:in hingegen entwickelst Du Dein Geschäft weiter, indem Du Strukturen und Teams aufbaust. Du delegierst Aufgaben und schaffst Systeme, die das Unternehmen unabhängig von Deiner persönlichen Arbeitskraft funktionieren lassen. Dein Fokus liegt auf dem strategischen Wachstum, der Innovation und der langfristigen Vision. Du arbeitest mehr am Geschäft als im Geschäft.

Der Übergang in die Unternehmerrolle

Die Eiche
Stelle Dir vor, Du beginnst als ein kleiner Eichenbaumsetzling und entwickelst Dich zu einer prächtigen, starken Eiche. Dieser Prozess spiegelt den Wandel von einem Selbstständigen zu einem Unternehmer wider.

Selbstständig sein: Der junge Setzling
Als Selbstständiger bist Du wie ein junger Eichenbaumsetzling. Du kümmerst Dich um jede Kleinigkeit selbst, achtest auf Dein Umfeld und versuchst, alle nötigen Ressourcen aufzunehmen. Deine Aufgaben sind vielfältig, aber überschaubar und Du bist direkt involviert in jeden Aspekt deines Geschäfts.

Wachstum und Festigung: Der aufstrebende Baum
Mit der Zeit wächst der Setzling zu einem kleinen Baum heran. Du lernst, wie Du Deine Ressourcen effizient nutzen kannst und beginnst, Dich stärker auf Deine Kernkompetenzen zu konzentrieren. Dein Geschäft wächst und Du fängst an, strategischer zu denken.

Der Übergang: Verzweigung und Vernetzung
Nun erreichst Du einen Punkt, an dem Dein Baum stärker wird und sich verzweigt. Hier beginnt der eigentliche Übergang vom Selbstständigen zum Unternehmer. Du realisierst, dass Du nicht alles allein machen kannst und beginnst, Äste (Strukturen) auszubilden. Du baust ein Team auf, delegierst

> Aufgaben und schaffst Systeme und Prozesse, die Dein Geschäft effizienter machen.
> **Unternehmertum: Die starke, verzweigte Eiche**
> Als Unternehmer bist Du nun wie eine große, mächtige Eiche mit einem stabilen Stamm und weit verzweigten Ästen. Deine Rolle hat sich von der operativen Arbeit hin zu strategischer Führung und Vision verschoben. Du hast Führungskräfte und Mitarbeiter, die verschiedene Bereiche deines Unternehmens leiten, während Du Dich auf das große Ganze konzentrierst. Deine Eiche ist jetzt stark verwurzelt und auch in der Lage, neue Herausforderungen zu meistern und weiter zu wachsen.

Vom Setzling zur Eiche
Der Übergang vom Selbstständigen zum Unternehmer ist ein natürlicher Wachstumsprozess, der Zeit, Geduld und strategisches Denken erfordert. Genau wie eine Eiche von einem kleinen Setzling zu einem majestätischen Baum heranwächst, entwickelst auch Du Dich weiter, indem Du Deine Wurzeln stärkst, Deine Äste verzweigst und ein solides Fundament für nachhaltigen Erfolg schaffst.

2.5 Starke Äste, starkes Business: Resilienz sichtbar machen

Wenn Du Dir vorstellst, dass Deine Firma eine mächtige Eiche ist, sind die Äste ebenso wichtig wie die Wurzeln. Sie repräsentieren die sichtbaren Aspekte Deiner Firma, die ihr Wachstum und ihre Stärke nach außen hin demonstrieren. Hier sind einige essenzielle Äste, die Deine Eiche (Firma) stark und gesund machen:

- **Ast 1 – Unternehmenskultur:** Ein tragender Ast, der die Werte und das Miteinander im Unternehmen symbolisiert. Das Fundament für Vertrauen, Zusammenhalt, Zusammenarbeit und Loyalität.

- **Ast 2 – Mitarbeiterengagement**: Motivierte, glückliche und engagierte Mitarbeiter sind starke Äste, die Deine Eiche weiterwachsen lassen. Investiere in ihre Entwicklung und schaffe ein positives Arbeitsumfeld. Glückliche Mitarbeiter sind produktiver und motivierter.
- **Ast 3 – Kundenzufriedenheit**: Dieser Ast symbolisiert die Zufriedenheit und das Vertrauen Deiner Kunden. Begeisterte Kunden sind loyal und empfehlen Dein Unternehmen weiter, was wesentlich für nachhaltiges Wachstum ist.
- **Ast 4 – Qualitätsmanagement**: Ein stabiler Ast, der für die hohe Qualität Deiner Produkte und Dienstleistungen steht. Qualitätssicherung schafft Vertrauen und Zufriedenheit bei Deinen Kunden und Partnern.
- **Ast 5 – Wertschätzende Kommunikation**: Ein vitaler Ast, der den Austausch von Informationen und Ideen innerhalb der Firma und nach außen hin ermöglicht. Eine gute Kommunikation fördert Frieden, Mitgefühl und Klarheit – sowohl in Bezug auf die eigenen Bedürfnisse als auch die des Gegenübers. Sie ist entscheidend für eine positive Atmosphäre, sowohl innerhalb der Firma als auch darüber hinaus.
- **Ast 6 – Innovationskraft**: Die Kraft zur Innovation ist ein essenzieller Ast, der immer neue Blätter und Früchte trägt. Ständige Innovation sorgt dafür, dass Deine Firma sichtbar bleibt und ermöglicht es, sich an Marktveränderungen anzupassen.
- **Ast 7 – Nachhaltigkeit**: Ein zukunftsorientierter Ast, der Deine Bemühungen um Umwelt- und Sozialverantwortung symbolisiert.
- **Ast 8 – Markenstärke**: Die Kraft Deiner Marke ist ein prächtiger Ast, der Deine Werte und Dein Image trägt. Eine starke Marke zieht Kunden an und schafft Vertrauen.

- **Ast 9 – Wachstumspotenzial:** Ein kräftiger Ast, der die Fähigkeit deines Unternehmens symbolisiert, kontinuierlich zu wachsen. Wachstum entsteht durch den Mut, neue Wege zu gehen und die Ausdauer, Hindernisse zu überwinden – so wird Dein Unternehmen immer stärker.
- **Ast 10 – Schönheit und Sinnhaftigkeit:** Ein harmonischer Ast, der das Bestreben verkörpert, durch unternehmerisches Handeln sinnvolle Projekte zu kreieren, um die Welt schöner und heller zu gestalten. Wir können Schatten spenden und Heimat für andere sein.

Diese zehn Äste repräsentieren die wichtigsten Bereiche, die Deine Eiche – Deine Firma – stark und erfolgreich machen. Zusammen mit den tiefen Wurzeln der Resilienz schaffen sie ein solides Fundament für langfristigen Erfolg und Wachstum.

3

Die 14 unternehmerischen Eichenwurzeln

In meinem Resilienzmodell für Unternehmer*innen und Selbstständige verbinde ich wissenschaftliche Erkenntnisse mit der kraftvollen Metapher der Eiche. Dabei stütze ich mich unter anderem auf ein Konzept mit sieben Schlüsselfaktoren zur Stärkung der psychischen Widerstandskraft, wie es in der Broschüre „The Road to Resilience" der American Psychological Association (APA) beschrieben wird. Elemente wie Akzeptanz, positives Denken, lösungsorientiertes Handeln, Netzwerkorientierung, Zukunftsplanung und das Übernehmen von Verantwortung habe ich mit den starken, tief verwurzelten Eigenschaften der Eiche verknüpft. Auf dieser Grundlage habe ich mein eigenes Modell erweitert – es ergänzt die bestehenden Säulen um zusätzliche Wurzeln der inneren Stärke, die speziell auf die Herausforderungen im unternehmerischen Alltag zugeschnitten sind.

So wie Du bist, so ist auch Deine Firma: Dein Business bist Du

Stelle Dir vor, Du bist eine mächtige Eiche, die wunderschön, stolz und unerschütterlich inmitten eines Waldes steht. Diese Eiche symbolisiert Deine Firma – bezaubernd, stark, widerstandsfähig und beständig. Doch Deine Stärke kommt nicht von ungefähr. Tief unter der Erde, verborgen vor dem Auge, gedeihen Deine unternehmerischen Wurzeln. Diese unternehmerischen Wurzeln nähren und stützen Dich, sodass Du in jedem Sturm standhaft bleibst und in jeder Jahreszeit wächst. Lerne und aktiviere Deine unternehmerischen Wurzeln der Resilienz:

1. **Akzeptanz der Realität:** Wie eine Wurzel, die sich ihren Weg durch die harten Erdschichten bahnt, akzeptierst Du die Realität. Herausforderungen und Rückschläge sind ein natürlicher Teil des Unternehmerlebens. Deine Akzeptanz dieser Realität ermöglicht es Dir, klar zu denken und lösungsorientiert zu handeln.
2. **Optimismus bewahren:** Diese Wurzel wächst stets dem Licht entgegen, selbst wenn sie im Dunkeln ist. Ein positiver Blick in die Zukunft ist entscheidend. Der Glaube daran, dass Du jede Situation meistern kannst, nährt und stärkt Deine Eiche.
3. **Netzwerke aufbauen und pflegen:** Die Wurzeln der Eiche sind weit verzweigt und vernetzt. Starke soziale und berufliche Netzwerke bieten Dir Unterstützung, auch neue Perspektiven und Möglichkeiten. Diese Verbindungen halten Dich stabil und fördern Dein Wachstum.
4. **Zielorientiertes Handeln:** Wurzeln wachsen zielgerichtet, um Wasser und Nährstoffe zu erreichen. Setze Dir klare, erreichbare Ziele und verfolge diese konsequent. Kleine, kontinuierliche Fortschritte bringen Dich näher an Deine langfristigen Ziele.

3 Die 14 unternehmerischen Eichenwurzeln

5. **Lösungsorientiertes Denken**: Wenn eine Wurzel auf Widerstand stößt, sucht sie nach einem neuen Pfad. Du handelst genauso, indem Du nach umsetzbaren Lösungen suchst. Deine Eiche bleibt dadurch vital und widerstandsfähig, egal welche Hindernisse auftauchen.
6. **Eigenverantwortung übernehmen**: Jede Wurzel übernimmt die Verantwortung, Nährstoffe zu sammeln und zu transportieren. Übernimm die Verantwortung für Dein Handeln und Deine Entscheidungen. Diese Haltung stärkt Dein Selbstbewusstsein und Deine Handlungsfähigkeit.
7. **Selbstwirksamkeit spüren**: So wie eine Wurzel, die selbstständig Nährstoffe findet, erkennst Du Deine eigene Kraft und Fähigkeit, Dinge zu bewegen. Du weißt, dass Du die Kraft hast, Deine Eiche zu nähren und wachsen zu lassen egal wie hart der Boden ist.
8. **Körperbewusstsein**: Betrachte eine Wurzel, die ihren Weg zum Wachstum selbst bestimmt. So kannst auch Du durch bewusstes Körperbewusstsein Deine inneren Zustände lenken. Eine aufrechte Haltung signalisiert Stärke und Zuversicht – sowohl nach außen als auch nach innen. Dein Körper ist ein Schlüssel, um Dein Business kraftvoll zu führen.
9. **Lernbereitschaft**: Die Wurzeln der Eiche wachsen stetig weiter und dringen in neue Erdschichten vor, um lebenswichtige Nährstoffe zu finden. Genauso fördert Deine Bereitschaft, stets dazuzulernen, Deine Flexibilität und Dein Wachstum. Durch Erfahrungen, Mentoren und Vorbilder wirst Du ständig genährt und gestärkt.
10. **Selbstfürsorge praktizieren**: Die Wurzeln versorgen die Eiche kontinuierlich mit Wasser und Nährstoffen. Achte auf Deine körperliche, emotionale, mentale und geistige Gesundheit. Regelmäßige Bewegung, ausreichender Schlaf und eine ausgewogene Ernährung sind genauso wichtig wie Zeit für Entspannung und Hobbys.

11. **Flexibilität und Anpassungsfähigkeit:** Wurzeln passen sich ihrer Umgebung an, um Nährstoffe und Wasser aufzunehmen. Sei bereit, Pläne zu ändern und Dich neuen Gegebenheiten anzupassen. Flexibilität hilft Dir, in einem sich ständig wandelnden Geschäftsumfeld erfolgreich zu bleiben.
12. **Finanzielle Gesundheit, bewusster Umgang mit Finanzen:** Genauso wie eine Wurzel, die das richtige Maß an Nährstoffen aufnimmt, sorgt finanzielle Bildung dafür, dass Du gesunde finanzielle Entscheidungen triffst. Deine Eiche – Dein Unternehmen – bleibt gesund und stark, weil Du verstehst, wie Geld funktioniert und es bewusst einsetzt.
13. **Lebenssinn:** Diese Wurzel ist tief in Deinem inneren Boden verankert und nährt Deine Resilienz sowie Deinen langfristigen Erfolg. Sie setzt sich aus zwei Schritten zusammen: dem Erkennen deines Potenzials und der bewussten Verwirklichung deines Lebenszwecks.
14. **Einheit durch Verbundenheit:** Wie das Wurzelgeflecht der Eiche, das den gesamten Waldboden durchzieht, sind auch wir global vernetzt. Ein Ereignis im Amazonas kann wellenartig das Leben an einem anderen Ort der Erde beeinflussen.

Diese Wurzeln bilden das Fundament Deiner unternehmerischen Resilienz. Sie gedeihen unter der Erde, unsichtbar, aber unverzichtbar. Deine Eiche – Deine Firma – wächst und blüht, gestützt von diesen starken, tief verwurzelten Prinzipien. Egal welche Stürme kommen, Deine Eiche bleibt standhaft und kraftvoll.

Die Eiche ist eine Metapher für Stärke und Beständigkeit. Tief unter der Erde, verborgen vor dem Auge, gedeihen Deine unternehmerischen Wurzeln. Diese Wurzeln nähren und stützen Dich, sodass Du stets standhaft bleibst und in jeder Jahreszeit wächst und gedeihst.

3.1 Unternehmerische Eichenwurzel 1: Akzeptanz

Akzeptanz heißt Realitätsbewusstsein, die Realität so zu sehen, wie sie ist, ohne Verzerrung. Dies bedeutet, die Tatsachen einer Situation zu erkennen, auch wenn sie unangenehm sind und entsprechend zu handeln.

Ein Flugzeugabsturz in den Anden, 1972. Die meisten Menschen kennen diese Geschichte aus Filmen wie *„Alive"* oder dem Netflix-Hit *„Die Schneegesellschaft"*. Aber für mich bedeutet sie mehr als eine bloße Erzählung. Es waren Menschen aus meiner Heimat Uruguay, von meiner späteren Schule, die in den schneebedeckten Bergen zwischen Chile und Argentinien ums Überleben kämpften. Die Anden: eine gewaltige, raue Bergkette, deren Gipfel zwischen 3000 und 6800 m in den Himmel ragen. Kein Essen, keine warme Kleidung und dann die niederschmetternde Nachricht: Die Suche nach ihnen wurde abgebrochen. Sie mussten akzeptieren, dass sie ganz auf sich allein gestellt waren. Diese bittere Realität anzunehmen, war der erste Schritt, um zu überleben. Der Hunger, die eisige Kälte – alles war real. Doch genau diese Akzeptanz machte sie stark. Sie stellten Regeln auf, teilten Aufgaben zu und wussten: Nur wenn wir die Wahrheit anerkennen, haben wir eine Chance. Erst 72 Tage nach dem Absturz, kurz vor Weihnachten, wurden die Überlebenden gefunden. Zwei von ihnen hatten es geschafft, zu Fuß nach Chile zu gelangen und so die Rettung herbeizuführen. Diese Geschichte ging um die Welt, und für mich bleibt sie eine tiefe Lektion in Akzeptanz, Durchhaltevermögen und unaufhaltsamer Willenskraft, die mich bis heute begleitet.

Sage Dir die Wahrheit. Die Wahrheit macht Dich frei. Wir belügen uns ständig selbst, erzählen uns Geschichten, die gar nicht stimmen und verzerren so die Realität. Akzeptanz heißt, die Dinge realistisch zu betrachten und anzunehmen. Unrealistische Erwartungen dürfen wir loslassen und eine realistischere Einschätzung der eigenen Fähigkeiten und der Situation entwickeln.

Diese Haltung erlaubt Dir, klar zu denken und lösungsorientiert zu handeln. Aber Achtung, Akzeptanz bedeutet nicht Resignation oder Einverständnis. Es geht darum, Gegebenheiten anzunehmen und darauf aufbauend strategisch zu handeln.

Es gibt Menschen, die sich weigern, bestimmte Gegebenheiten oder Situationen zu akzeptieren, weil sie fälschlicherweise glauben, dass Akzeptanz gleichbedeutend mit Zustimmung ist. Das ist jedoch nicht der Fall. Es heißt, die Realität einer Situation anzuerkennen, ohne sie gutzuheißen oder zu billigen. Es ist ein erster Schritt zur Veränderung und ermöglicht es, konstruktive Lösungen zu finden. Zustimmung hingegen bedeutet, eine Situation oder Handlung gutzuheißen oder zu unterstützen. Die Akzeptanz ermöglicht es uns, effektive Bewältigungsstrategien zu entwickeln und anzuwenden. Anstatt Energie auf das Leugnen oder Bekämpfen der Realität zu verschwenden, können wir uns darauf konzentrieren, praktische und konstruktive Lösungen zu finden. Die Positive Psychologie beschreibt, dass Menschen, die eine hohe Akzeptanz gegenüber komplexen Lebensereignissen zeigen, besser in der Lage sind, sich von diesen Ereignissen zu erholen (vgl. Seligman, 2015). Diese Annahme fördert eine positive, zukunftsgerichtete Haltung und stärkt die Fähigkeit, trotz Widrigkeiten Fortschritte zu machen.

Was bedeutet das in der Praxis?
Du hast einen neuen wichtigen Kunden verloren. Anstatt in Panik zu geraten oder die Schuld bei anderen zu suchen, nimmst Du die Situation an. Du analysierst, was schief-

gelaufen ist, und lernst daraus. Du nutzt diese Erkenntnisse, um Deine Strategien zu verbessern und zukünftige Fehler zu vermeiden. So verwandelst Du einen Rückschlag in eine Chance zur Weiterentwicklung.

- **Beispiel – Selbstständigkeit:** Du bist eine freiberufliche Fotografin und hast gerade einen großen Auftrag verloren, weil ein technisches Problem bei einem wichtigen Fotoshooting aufgetreten ist. Anstatt Dich entmutigen zu lassen, akzeptierst Du den Verlust als Teil des Geschäftslebens. Du analysierst, was schiefgelaufen ist, und investierst in ein besseres Equipment und zusätzliche Backups, um zukünftige Fehler zu vermeiden. Diese Akzeptanz und Lernbereitschaft helfen Dir, Dich weiterzuentwickeln und neue, bessere Aufträge zu gewinnen.
- **Beispiel – Unternehmerin:** Du betreibst ein kleines Café und erfährst, dass sich die Preise für Kaffee aufgrund globaler Engpässe stark erhöht haben, was deine Kosten in die Höhe treibt. Anstatt zu jammern, akzeptierst du die Situation und beginnst, nach kreativen Alternativen zu suchen. Du entscheidest dich, das Menü anzupassen, kleinere und kostengünstigere Röstereien in der Umgebung auszuprobieren und betont regionale Produkte anzubieten. Diese Entscheidung stärkt deine Unabhängigkeit und hebt dein Café durch Einzigartigkeit hervor.

Wenn wir akzeptieren, was wir nicht ändern können, verringern sich unser innerer Widerstand und unser Stressniveau. Dieser Prozess fördert innere Ruhe und Gelassenheit. Unsere Fähigkeit mit Herausforderungen umzugehen, wird dadurch gestärkt.

3.2 Unternehmerische Eichenwurzel 2: Optimismus bewahren

Diese Wurzel wächst immer dem Licht entgegen, selbst in den dunkelsten Momenten. Der Glaube daran, dass Du jede Situation meistern kannst, nährt und stärkt Deine Eiche. Selbstbewusstsein, Selbstsicherheit und tiefes Vertrauen in den Prozess des Lebens helfen Dir, jede Herausforderung in eine Chance zu verwandeln. Optimismus hängt stark damit zusammen, wie wir Menschen Informationen verarbeiten und bewerten. Wir Optimisten neigen dazu, positive Ereignisse als stabil, global und intern zu betrachten, während wir „negative Ereignisse" als vorübergehend, spezifisch und extern sehen. Diese Bewertungsprozesse reduzieren die Wahrscheinlichkeit von Gefühlen der Hilflosigkeit und fördern eine proaktive Haltung gegenüber Herausforderungen (vgl. Seligman, 2001). Das bedeutet nicht, dass wir uns selbst unkritisch betrachten. Im Gegenteil, wir scheuen uns nicht davor auch unsere eigenen Anteile zu hinterfragen, wenn wir auf Herausforderungen stoßen. All das tun wir mit der Haltung, aus jeder Situation das Beste zu machen. Genau deshalb sind wir Optimisten. Optimismus darf nicht mit „toxischer Positivität" verwechselt werden. Optimismus bedeutet, die Tatsachen anzuerkennen, aber gleichzeitig zu wissen, dass sich mit der richtigen Einstellung vieles verändern lässt. Und das, was sich nicht verändern lässt, kann man mit einer optimistischen Haltung leichter akzeptieren.

Wir Optimisten behalten eine positive Erwartungshaltung gegenüber zukünftigen Ereignissen. Diese positiven Erwartungen wirken selbstverstärkend. Sie erhöhen die Motivation und das Engagement, was wiederum die Wahrscheinlichkeit positiver Ergebnisse erhöht. Psychologisch wird dies oft als sich selbst erfüllende Prophezeiung bezeichnet. Wir Optimisten neigen dazu, gesündere Bewältigungsstrategien zu verwenden, wie Problemlösung und Unterstützungssuche, anstatt vermeidende oder destruktive Verhaltensweisen. Optimismus und positives Denken gehen über oberflächliche Fröhlichkeit hinaus und beinhalten eine tiefere psychologische Haltung gegenüber dem Leben und seinen Herausforderungen. Wir Optimisten glauben an die Möglichkeit des persönlichen Wachstums und der Veränderung. Wir sehen Herausforderungen als Chancen zur Weiterentwicklung und sind offen für neue Erfahrungen. Diese Wachstumsmentalität lässt uns unsere Potenziale voll entfalten.

Wir Optimisten sind eng mit einem tieferen Lebenszweck verbunden. Wir haben deswegen eine stärkere Motivation, Komplexitäten zu überwinden und unsere Ziele zu erreichen. Diese Sinnhaftigkeit verleiht unserem Leben Struktur und Orientierung.

Was bedeutet das in der Praxis?
Dein Unternehmen steckt in einer finanziellen Krise. Anstatt sofort aufzugeben, behältst Du Deinen Optimismus. Du suchst aktiv nach Lösungen, sprichst mit Experten und entwickelst kreative Ideen, um Deine Situation zu verbessern. Dein Optimismus motiviert auch Dein Team, gemeinsam nach vorne zu blicken und an einem Strang zu ziehen.

- **Beispiel – Selbstständigkeit:** Du bist eine selbstständige Yogalehrerin und aufgrund eines plötzlichen Rückgangs der Teilnehmerzahlen an Deinen Präsenz Kursen gerätst Du in eine finanzielle Not. Anstatt aufzugeben, bleibst Du optimistisch. Du belegst einen Marketing-Kurs, um Social Media besser zu verstehen und Deine Reichweite zu vergrößern. So entwickelst Du neue Marketingstrategien und bietest zusätzlich Online-Kurse an. Dein Optimismus und Deine Kreativität helfen Dir, neue Kunden online und offline zu gewinnen und Dein Geschäft wieder aufzubauen.

- **Beispiel – Unternehmerin:** Du leitest ein Start-up im Bereich Kosmetik und die erste Produkteinführung war nicht so erfolgreich wie erhofft. Anstatt Dich entmutigen zu lassen, behältst Du Deinen Optimismus. Du führst Gespräche mit Deinem Team, um die Produktlinie zu verbessern, und startest eine neue Marketingkampagne. Dein Glaube an Dein Produkt und Deine Vision inspiriert Dein Team und führt letztlich zu einer erfolgreichen Markteinführung der verbesserten Produkte.
- **Beispiel – Unternehmerin im Network-Marketing:** Du bist Gründerin eines Unternehmens, das auf Haushaltsprodukte im Network-Marketing spezialisiert ist. Als die Kundenbasis zurückgeht, bleibst Du optimistisch und passt Deine Strategie an. Du führst intensive Schulungen zu Social-Media-Marketing durch und bietest Deinen Vertriebspartnern Werkzeuge an, um die Reichweite online zu erweitern. Durch Deinen Optimismus und die neue Strategie steigert Dein Netzwerk seine Sichtbarkeit, was zu einem deutlichen Anstieg an Kunden und Partnern führt.

3.3 Unternehmerische Eichenwurzel 3: Netzwerke aufbauen und pflegen

Die weit verzweigten Wurzeln einer Eiche symbolisieren ein enges Netz aus Verbindungen, die Dich tragen. So stärken auch soziale und berufliche Netzwerke Deine Standfestigkeit, eröffnen neue Perspektiven und fördern Deine Entwicklung. Wir sind soziale Wesen. Vernetzung ist auch unternehmerisch essenziell für den Erfolg. Erkenne die Probleme Deiner Kunden, Mitarbeiter und Geschäftspartner und löse diese. Erfolgreich wird, wer viele Probleme löst. Wenn Du noch nicht erfolgreich bist, hast Du noch nicht genug Probleme gelöst. Sei netzwerkorientiert und finde heraus, wo Du welche Probleme lösen kannst. Probleme sind positiv, sie führen Dich zum Erfolg.

Was bedeutet das in der Praxis?
Du planst eine Expansion deines Unternehmens in einen neuen Markt. Durch Dein starkes Netzwerk kannst Du auf wertvolle Kontakte und Ressourcen zugreifen, die Dir dabei helfen. Ein Geschäftspartner empfiehlt Dir einen zuverlässigen Lieferanten, ein Freund stellt den Kontakt zu potenziellen Investoren her und ein ehemaliger Kollege teilt wertvolle Marktinformationen mit Dir. Dein Netzwerk ermöglicht es Dir, schneller und effizienter voranzukommen.

Beispiele – Selbstständigkeit
Beispiel – Selbstständiger Copywriter: Paul ist erfahrener Texter und fürchtet, dass Künstliche Intelligenz (KI) seinen Job bedroht. Mit der Einführung von automatisierten Textsystemen fühlt er sich zunehmend unsicher und fragt sich, ob seine Fähigkeiten bald überflüssig sein werden. Seine Ängste lähmen ihn, und er überlegt sogar, seine Selbstständigkeit aufzugeben. Doch Paul ist Teil eines Unternehmernetzwerks, in dem er seine Sorgen teilt. Ein erfahrener Kollege rät ihm, die KI nicht als Bedrohung, sondern als Werkzeug zu sehen. Er empfiehlt Paul, sich weiterzubilden und einen Kurs über den Einsatz von KI im kreativen Schreiben zu belegen. Paul folgt dem Rat, lernt die Technologie zu nutzen und integriert sie in seine Arbeit. Dadurch gewinnt er Zeit für kreative Projekte und kann seinen Kunden noch mehr bieten. Dank seines Netzwerks

und der gemeinsamen Unterstützung überwindet Paul seine Ängste und baut seine Selbstständigkeit weiter aus. Netzwerkorientierung hilft, neue Perspektiven zu finden und sich in Krisen weiterzuentwickeln.

Beispiel – Selbstständige Ernährungsberaterin: Lisa ist eine alleinerziehende Mutter und selbstständig als Ernährungsberaterin. Sie ist gewöhnt sich allein durchzukämpfen, privat wie auch beruflich. Sie nimmt an einer Online Marketing Schulung teil, weil sie bereit ist Hilfe anzunehmen. Hier lernt sie neue Unternehmer kennen und sie erfährt von den Problemen und Bedürfnissen ihrer potenziellen Kunden. Sie erstellt einen Avatar der ihren Wunschkunden darstellt und lernt von anderen und mit anderen. Durch den Austausch in der Community entwickelt sie neue Programme und Dienstleistungen, die genau auf diese Bedürfnisse zugeschnitten sind. Das hilft ihr, diese Programme erfolgreich zu vermarkten und mehr Kunden zu gewinnen. Netzwerke helfen Wissen und Informationen auszutauschen.

Beispiele – Unternehmertum
- **CEO eines Start-Ups für nachhaltige Produkte:** Alex, der als Migrant neu ins Land gekommen ist, leitet ein Start-up, das nachhaltige Produkte herstellt. Da er in seinem neuen Umfeld noch wenig Kontakte hat und nicht alle kulturellen Feinheiten sofort versteht, hat er zunächst Schwierigkeiten, geeignete Lieferanten zu finden. Durch sein Netzwerk in einem Verband für nachhaltige Unternehmen erhält er jedoch wertvolle Empfehlungen für vertrauenswürdige Partner. Diese neuen Verbindungen helfen ihm, die Qualität seiner Produkte zu verbessern und sein Angebot zu erweitern. Sein Netzwerk stabilisiert sein Geschäft und unterstützt sein Wachstum.

- **Geschäftsführerin eines Technologieunternehmens:** Sophie ist Geschäftsführerin eines mittelständischen Technologieunternehmens und stellt fest, dass es Herausforderungen in der Produktentwicklung gibt. Durch ihr Netzwerk in der Technologiebranche erfährt sie von neuen Ansätzen und Technologien. Sie knüpft Kontakte zu Experten, die ihr helfen, ihre Produktentwicklung zu optimieren. Diese Verbindungen bringen neue Perspektiven und fördern das Wachstum ihres Unternehmens.
- **Geschäftsführer E-Commerce- Händler:** Thomas leitet ein großes E-Commerce-Unternehmen, das Produkte über Amazon verkauft. Er beschäftigt zahlreiche Mitarbeiter und betreibt ein großes Lager. Eines Tages gerät er in eine ernsthafte Krise: Die Logistikprobleme häufen sich, Lieferungen verzögern sich drastisch und die Kundenbeschwerden nehmen zu. Die eigene Infrastruktur reicht nicht aus, um das steigende Auftragsvolumen zu bewältigen und er fürchtet Umsatzeinbußen. Thomas wendet sich an sein Unternehmernetzwerk, in dem sich andere E-Commerce-Größen austauschen. Dort erhält er wertvolle Impulse. Ein Kollege empfiehlt ihm einen externen Fulfillment-Dienstleister einzusetzen, um die Lagerung und den Versand zu optimieren. So kann Thomas die Logistikprobleme schnell lösen. Ein anderes Netzwerkmitglied teilt seine Erfahrungen mit automatisierten Lagersystemen. Thomas investiert in die Automatisierung und reduziert damit Fehler und Verzögerungen erheblich. Ein Unternehmerkollege rät ihm, nicht nur auf Amazon zu setzen, sondern zusätzliche Vertriebskanäle zu nutzen, um Risiken zu streuen und die Abhängigkeit zu verringern. Durch diese Netzwerkkontakte kann Thomas seine Logistikprobleme überwinden und sein Unternehmen noch breiter aufstellen.

- **Geschäftsführung eines Beratungsunternehmens:** Als Mitglied einer weniger verbreiteten Glaubensgemeinschaft bringt Sascha in seiner Rolle als Geschäftsführer eine besondere Perspektive auf die Realität und den Zusammenhalt in das Unternehmen ein. Er nutzt diese Erfahrung, um eine Atmosphäre zu schaffen, in der Vertrauen, Freundlichkeit und gegenseitiges Verständnis den Arbeitsalltag prägen. Sein Ansatz fördert ein tiefes Gefühl der Loyalität und stärkt das Team, was die Beratungsqualität verbessert, und Kunden spüren lässt, dass sie in guten Händen sind.

3.4 Unternehmerische Eichenwurzel 4: Fokus auf Everest-Ziele

Stell Dir vor, Du steigst ins Auto und weißt nicht, wohin Du fährst. Ohne ein klares Ziel wirst Du wahrscheinlich herumirren und unnötig Zeit und Ressourcen verbrauchen. Genau wie in unserem Leben ist es für unser Unternehmen entscheidend, im Navi ein Ziel einzugeben. Wir müssen wissen, wohin wir wollen. Ein klares Ziel ist also unerlässlich. Natürlich gibt es auf dem Weg Zwischenziele und Etappen, aber die Richtung sollte feststehen. Vielleicht kommst Du vom Weg ab, doch das Navi hilft Dir, den richtigen Pfad wiederzufinden. Deswegen ist Zukunftsplanung eine wesentliche Grundlage für unternehmerischen Erfolg. Es ist wichtig zu wissen, was Deine Everest-Ziele (vgl. Blickhan, 2018, S. 210) sind und einen Plan dafür zu haben. Everest-Ziele sind Deine ehrgeizigen Ziele, deren Erreichung anstrengend und herausfordernd ist. Solche Ziele erreichst Du nicht von heute auf morgen. Sie erfordern Vorbereitung und Zeit. Genau wie der Mount Everest nicht in fünf Minuten bestiegen werden kann, brauchen auch unsere Everest-Ziele teilweise jahrelange Vorbereitung. Zum unternehmerischen Erfolg gehören realistische, kurze Zwischenziele und ambitionierte große Everest-Ziele. Zwischenziele geben Dir die Motivation und Bestätigung, die Du auf dem Weg benötigst, während die Everest-Ziele Dir die Richtung und den Ansporn geben, immer weiterzumachen.

Zukunftsplanung bedeutet, eine Vision zu haben und die nötigen Schritte zu planen, um diese Vision zu verwirklichen. Sie gibt Dir die Stabilität und Orientierung, die Du brauchst, um auch in „Stolperstein-Zeiten" auf Kurs zu bleiben.

Beispiele aus der Tierwelt
In der Tierwelt gibt es ein faszinierendes Phänomen: Der Rabe setzt sich manchmal auf den Rücken des Adlers und beginnt, ihn zu picken. Der Adler jedoch ignoriert den Raben. Statt in den Kampf zu gehen oder sich abzuwenden, behält er seine Höhe bei und fliegt weiter. Der Rabe sitzt unbequem auf dem Rücken des Adlers, während dieser ruhig seine Kreise zieht. Der Adler lässt sich nicht ablenken. Er bleibt stabil in seinem Flug, ohne abzurutschen. Mit der Zeit gewinnt der Adler an Höhe. Irgendwann wird es dem Raben zu ungemütlich und er lässt vom Adler ab. Er kann die große Höhe nicht mehr ertragen und gibt auf. Diese Geschichte können wir als kraftvolle Metapher für unser Geschäftsleben nutzen. Auch wir erleben symbolisch gesehen „Angriffe" von verschiedenen Seiten: von Kunden, Mitarbeitern, Geschäftspartnern, der Wirtschaft oder der Gesellschaft. Diese Angriffe sind wie der Rabe auf dem Rücken des Adlers – sie versuchen, uns zu destabilisieren und abzulenken. Doch was können wir von dem Adler lernen? Wenn Du in Deiner Kraft bleibst und Deine Stabilität bewahrst, lässt Du Dich von diesen Angriffen nicht beeinflussen. Du ignorierst die Störungen nicht im Sinne von toxischer Positivität, sondern erkennst sie an, ohne Dich von ihnen destabilisieren zu lassen. Bleibe fokussiert und er-

höhe Deine Lebensenergie, indem Du Dich weiter in Richtung Deiner Everest-Ziele bewegst. Fliege höher, ohne in den Kampf zu treten. So wie der Adler unbeirrt seinem Weg folgt, kannst auch Du klare Ziele vor Augen haben und diese konsequent verfolgen. Zukunftsorientierung bedeutet, nicht in der Vergangenheit oder den aktuellen Herausforderungen zu verweilen, sondern den Blick fest auf das zu richten, was vor Dir liegt. Eine klare Zukunftsplanung hilft Dir, Deine Kräfte zu bündeln und zielgerichtet zu handeln. Wenn Du weißt, wohin Du willst, kannst Du die nötigen Schritte unternehmen, um dorthin zu gelangen. Dies stärkt Deine Resilienz, denn eine klare Vision und ein Plan geben Dir Sicherheit und Orientierung, selbst wenn die Umstände komplex sind. Um Großes zu erreichen, musst Du viele Angriffe ertragen. Angriffe im Sinne von Missverständnissen, Blockierungen, Neid oder fehlender Vision von Menschen um Dich herum – sei es von Mitarbeitern, Kunden oder Geschäftspartnern. Nicht jeder wird Dich unterstützen. Doch es ist wichtig, dass diese angeblichen „Angriffe" Dich nicht so destabilisieren, dass Du an Höhe verlierst und am Boden landest. Bewahre Deine Flughöhe und fliege immer höher in Richtung Deiner Ziele. Verstehe, dass, wenn Du etwas Großes bewegen willst, Du eine enorme Energie benötigst. Und Du wirst auch Angriffsfläche bieten. Sei resilient, sei wie ein Adler.

Ich habe gelernt, dass diese Haltung in der unternehmerischen Welt von unschätzbarem Wert ist. Die Herausforderungen kommen und gehen, aber Deine innere Stabilität und Dein Fokus auf das Wesentliche bringen Dich zu neuen Höhen. Bleibe in Deiner Kraft und fliege höher und höher. So werden die Angreifer von Dir ablassen, und Du wirst Deinen Erfolg finden. Wenn Du weißt, wohin Du unterwegs bist, kannst Du viele Widrigkeiten überwinden. Du weißt, wer Du bist. Du weißt, was Du möchtest. Du weißt, dass es sich lohnt, weiterzumachen.

Eine Metapher, die ich besonders liebe, ist die von der Fliege und der Biene. Ich weiß nicht mehr genau, woher ich diese Geschichte habe, aber sie ist mir im Gedächtnis geblieben. Die Fliege fliegt über eine Vielzahl von Blumen, nur um schließlich zum Kot zu gelangen. Die Fliege weiß genau, was ihr Ziel ist: der Kot. Im Gegensatz dazu fliegt die Biene über jede Menge Kot hinweg, um schließlich die Blume zu erreichen. Die Biene weiß, dass ihr Ziel die Blume ist und lässt sich nicht vom Kot abhalten. Diese Metapher zeigt, wie wichtig es ist, das richtige Ziel zu haben. Es reicht nicht aus, nur ein Ziel zu haben, sondern es muss auch im Einklang mit Deinen Lebensabsichten, Deinen höchsten Werten und Visionen stehen. Frage Dich, ob Dein unternehmerisches Ziel mit der Welt, der Menschlichkeit und Dir selbst im Einklang ist.

Mein tiefster Wunsch und meine größte Sehnsucht sind, dass wir alle mit unseren Selbstständigkeiten und Unternehmen unterwegs sind zu diesen wundervollen Blumen. Dass wir über viele stinkende Gelände geradeaus fliegen, bis wir schließlich eine Blume finden. Dass wir diese Blume in uns aufnehmen, einatmen und uns bestärken. Und dass wir dann die Samen der Blume über den gesamten Kot verteilen, damit überall auf der Welt Blumen wachsen und gedeihen können. Stell Dir vor, überall auf der Welt blühen Blumen. Es herrschen Wohlstand und Schönheit und es ist eine Freude, in dieser Welt voller Fülle zu leben. Wir Selbstständigen und Unternehmer:innen haben eine große Verantwortung. Wir können beweisen, dass es sich lohnt, erfolgreich zu sein, um den Boden für Neues und Gutes in dieser Welt zu bereiten.

3.5 Unternehmerische Eichenwurzel 5: Lösungsorientiertes Denken

Viele Menschen und somit auch viele Selbstständige und Unternehmer fokussieren sich viel zu lange auf ein Problem. Sie versuchen, ein bestimmtes Problem zu lösen, sei es in der Technik, mit dem Personal, den Kunden, dem Produkt oder den Gegebenheiten. Dabei konzentrieren sie ihre gesamte Energie auf das Problem und können es letztlich nicht wirklich lösen. Lösungsorientiert zu denken bedeutet, aufzuhören, sich ausschließlich auf das Problem zu konzentrieren und stattdessen sofort und zielgerichtet nach einer Lösung zu suchen. Das heißt nicht, das Problem zu ignorieren. Du darfst erkennen und anerkennen, dass ein Problem existiert. Probleme sind grundsätzlich gut, denn je mehr Probleme wir lösen, desto erfolgreicher werden wir. Aber ständig an einem Problem festzuhalten, bringt uns automatisch in eine Opferhaltung, was wir vermeiden wollen, da wir Verantwortung für unser Leben und unser Business übernehmen möchten. Wenn Du merkst, dass Du Dich zu lange mit Deinem Problem beschäftigst, breche ab und fokussiere Dich auf die Lösungen. Erhöhe die Wahrscheinlichkeit, eine Lösung zu finden, indem Du vieles ausprobierst. Frage Dich: Wie kann ich hier Lösungen finden? Welche Lösungen sind möglich? Schau über Deinen eigenen Horizont hinaus, sei kreativ und spontan, und hole Dir Hilfe, wenn nötig. Lösungsorientiertes Denken bedeutet auch, den Horizont zu erweitern, damit Du auf Ideen kommst, die Dir allein vielleicht nicht einfallen würden.

Stelle Dir vor, wie eine erfolgreiche Person, die bereits da ist, wo Du sein möchtest, dieses Problem lösen würde. Wie würde der erfolgreichste Mensch auf diesem Planeten das Problem angehen? Wie würde Deine Nachbarin, die in ihrem Job so erfolgreich ist, das Problem lösen? Oder wie würden Dein Großvater oder Deine Großmutter damit umgehen? Erhöhe die Wahrscheinlichkeit das Problem zu lösen, indem Du aufhörst, nur in Deinen gewohnten Bahnen zu denken und beginnst, so zu denken wie andere Menschen, die bereits viele Probleme gelöst haben. So kommst Du eher an die Lösung.

Es ist also wichtig, das Problem schnell zu erfassen und unmittelbar in Lösungen zu denken. Was ist hier die Lösung? Wie geht es weiter? Lösungsorientiertes Denken bedeutet, den Fokus immer auf die Lösungen zu richten, statt das Problem noch größer und mächtiger zu machen, indem man ihm seine gesamte Energie widmet.

Stell Dir vor, Du stehst an der felsigen Küste von Mallorca. Dort, wo der Boden karg und die Winde rau sind, wächst eine Kiefer. Diese Kiefer hat sich nicht tief in die Erde gegraben, da der Untergrund dies nicht zulässt. Stattdessen haben ihre Wurzeln sich breit und weit ausgebreitet, um in den Ritzen und Spalten des Felsens Halt zu finden. Die Kiefer hat lange, schlanke Nadeln und eine raue, rissige Rinde. Ihre Zweige biegen sich oft in Richtung des Windes, der ständig vom Meer her weht. Diese Kiefer zeigt Dir, dass Lösungen vielleicht auch außerhalb des Gewöhnlichen liegen und Du flexibel und kreativ sein darfst, um sie zu finden. Lösungsorientiertes Denken bedeutet, nicht vor Hindernissen zu kapitulieren, sondern nach Wegen zu suchen, sie zu überwinden. Die Kiefer an der Küste hätte aufgeben können, als sie auf harten Felsen stieß. Doch stattdessen hat sie ihre Energie darauf verwendet, neue Wege zu finden und sich anzupassen. Ebenso musst Du als Unternehmer:in bereit sein, unkonventionelle Lösungen zu finden, wenn Du auf Probleme stößt.

Ein weiteres Beispiel für Resilienz ist der Bonsai. Diese Bäume werden absichtlich klein gehalten und ihre Wurzeln beschnitten, um sie in winzigen Töpfen zu kultivieren.

Trotz dieser Einschränkungen wachsen sie kräftig und gesund, weil ihre Wurzeln lernen, mit wenig Raum auszukommen und sich effizient zu vernetzen. Dies zeigt Dir, dass Einschränkungen Dich nicht schwächen müssen sondern Dich vielmehr lehren können, effizienter und gezielter zu handeln.

Noch ein Beispiel für resilientes Wachstum in der Natur ist die Korkeiche. Diese Bäume sind bekannt für ihre dicke, feuerresistente Rinde, die ihnen hilft, Waldbrände zu überstehen. Nach einem Brand treiben sie schnell wieder aus und regenerieren sich. Die Korkeiche lehrt uns, dass auch nach schweren Rückschlägen und Verlusten neue Chancen und Möglichkeiten entstehen, wenn Du bereit bist, Dich anzupassen, lösungsorientiert zu sein und Dich weiterzuentwickeln.

Als Unternehmer:in wirst Du oft auf Felsen, Waldbrände und begrenzten Raum stoßen. Hierbei ist es wichtig, die vorhandenen Ressourcen optimal zu nutzen. Suche nach unerwarteten Wegen und bleibe flexibel. So entwickelst Du eine lösungsorientierte Denkweise, die Dir hilft, auch in widrigen Umständen zu wachsen und zu gedeihen. Lösungsorientiertes Denken als unternehmerische Wurzel ist eine Fähigkeit und auch eine Haltung, sozusagen eine Lebenshaltung. Es bedeutet, sich nicht von Problemen entmutigen zu lassen, Probleme eher als Chancen für Wachstum und Innovation zu sehen. Indem Du wie die Kiefer an der Küste, der Bonsai oder die Korkeiche „denkst", entwickelst Du die Resilienz, die Du brauchst, um in jeder Situation standhaft und erfolgreich zu bleiben.

Für lösungsorientiertes Denken brauchst Du auch Kreativität und Spontanität. Menschen, die kreativ und spontan sind, finden eher besondere Lösungen, die nicht so einfach zu entdecken sind. Spontanität und Kreativität sind nicht unbedingt klassische Eigenschaften in Deutschland.

Deshalb ist es für deutsche Unternehmer und Selbstständige besonders wichtig, sich mit diesen Qualitäten auseinanderzusetzen und sie in ihr Leben und ihr Unternehmen zu integrieren.

3.6 Unternehmerische Eichenwurzel 6: Radikale Eigenverantwortung übernehmen

Radikale Eigenverantwortung zu übernehmen bedeutet, sich voll und ganz bewusst zu machen, dass wir die Verantwortung für unser eigenes Leben sowie für unser eigenes Unternehmen tragen. Dies umfasst jede Entscheidung und jede Handlung in unserem beruflichen und privaten Alltag. Radikale Eigenverantwortung bedeutet, dass es nicht der schwierige Kunde, der komplexe Mitarbeiter oder der unzuverlässige Geschäftspartner ist, der Deine Situation bestimmt. Es sind auch nicht die politischen oder wirtschaftlichen Gegebenheiten, das Wetter, Deine Familie oder Deine Gesundheit, die entscheidend sind. Du bist Dein Business, Du bist Dein Leben. Möchtest Du ein anderes Leben führen? Möchtest Du ein erfolgreicheres Business haben als das, welches Du jetzt hast? Dann musst Du Dich selbst so sehr verändern, dass sich dadurch Dein Leben und Dein Business verändern. Radikale Eigenverantwortung fordert Dich auf, die Kontrolle über Dein Schicksal zu übernehmen und die Veränderungen in Dir selbst anzustoßen, die nötig sind, um Dein gewünschtes Leben und Deinen geschäftlichen Erfolg zu erreichen.

Ich erlebe in meiner beruflichen Tätigkeit Menschen, die mit tiefen Wünschen und Träumen zu mir kommen. Sie möchten die Armut und das Mangelbewusstsein hinter sich lassen, so wie ich es auch getan habe. Sie kommen aus einer

Armutsmentalität und wollen erfolgreich sein. Was hier wichtig zu verstehen ist: Sie werden nicht die gleiche Person sein, wenn sie erfolgreich sind. Die Person, die sie jetzt sind, kann nicht erfolgreich sein. Es ist eine andere Person, die Erfolg in ihrem Business haben wird. Deshalb müssen sie sich zu einer komplett neuen Person entwickeln. Wir tragen oft den Glaubenssatz in uns, dass wir so sind, wie wir sind, und wenn andere uns nicht lieben oder akzeptieren, ist das deren Problem. Dieser Glaubenssatz ist so verbreitet, dass wir uns weigern, uns zu verändern. Doch meine Wahrheit ist, dass wir alle eine grundlegende Transformation brauchen, wenn wir andere Ergebnisse in unserem Leben erzielen wollen. Wenn wir mit den Ergebnissen in verschiedenen Lebensbereichen, einschließlich des Business, nicht glückselig sind, dann müssen wir zu jemandem ganz anderen werden, zu jemandem, der diese gewünschten Ergebnisse erleben kann. Diese grundlegende Veränderung ist notwendig, um die Herausforderungen zu meistern und den Erfolg zu erreichen, den wir uns wünschen.

Radikale Eigenverantwortung zu übernehmen bedeutet, Verantwortung zu übernehmen für das, was wir denken, für das, was wir fühlen, für das, was wir sagen, für das, was wir entscheiden und für das, was wir tun. Radikale Eigenverantwortung bedeutet, dass wir unser eigenes Handeln und Denken konsequent hinterfragen und steuern. Wenn wir den ganzen Tag jammern, werden wir nicht wirklich erfolgreich sein, weil wir uns von erfolgreichen Menschen abschneiden. „Selbstgemachte", erfolgreiche Menschen möchten keine jammernden Personen um sich haben. Indem wir radikale Eigenverantwortung übernehmen, öffnen wir uns für neue Möglichkeiten und ziehen positive, erfolgreiche Menschen in unser Leben. Wenn Du erfolgreich sein möchtest in Deinem Business, Deiner Firma oder Deiner Selbstständigkeit, musst Du bereit sein, viel Verantwortung zu übernehmen. Viele Menschen streben nach Erfolg, ohne bereit zu sein, die notwendige Verantwortung zu tragen. Das funktioniert nicht. Zuerst musst Du Verantwortung für Dich selbst übernehmen: für Deine Gedanken, Deine Gefühle, Deine Worte, Deine Entscheidungen und Deine Handlungen. Dann musst Du auch Verantwortung für Deine Mitarbeiter, die Prozesse in Deiner Firma, die Gesellschaft, Dein Land und die Welt übernehmen. Verantwortung übernehmen führt letztendlich zum Erfolg. Erfolg entsteht, wenn Du bewusst und aktiv Verantwortung in allen Bereichen Deines Lebens und Deines Unternehmens übernimmst.

Stell Dir einen Bienenstock vor. Jede Biene in diesem Stock hat eine spezielle Aufgabe und trägt die Verantwortung dafür, dass der gesamte Bienenstock funktioniert und gedeiht. Ohne das Engagement und die Verantwortung jeder einzelnen Biene würde der Bienenstock kollabieren. Die Königin hat die Verantwortung, Eier zu legen und die Kolonie zu vermehren. Die Arbeiterinnen kümmern sich um das Sammeln von Nektar, den Bau der Waben und den Schutz des Stocks. Jede Biene übernimmt ihre Rolle mit äußerster Präzision und Hingabe. Wenn eine Biene ihre Verantwortung nicht wahrnimmt, wird der gesamte Bienenstock beeinträchtigt. Doch wenn jede Biene ihre Aufgabe erfüllt und Verantwortung für ihren Teil des großen Ganzen übernimmt, entsteht ein harmonisches und produktives System, das Honig produziert und den Fortbestand der Kolonie sichert. Genauso verhält es sich in Deinem Business wie auch im Leben. Wenn Du bereit bist, Verantwortung für Deine Gedanken, Gefühle, Worte, Entscheidungen und Handlungen zu übernehmen, trägst Du zum Erfolg des großen Ganzen bei. Verantwortung zu übernehmen ist der Schlüssel, um harmonisch und erfolgreich in Deinem Unternehmen und Leben zu agieren.

So einfach es auch klingt, fällt es uns Menschen sehr schwer, Verantwortung zu übernehmen. Wir machen die gesamte Welt für unser Leid verantwortlich: die Politik, das Finanzamt, unsere Kindheit, was unsere Eltern gemacht oder nicht gemacht haben, die Situation mit unseren Ex-Partnern, die Komplexitäten mit unseren Kindern oder die Herausforderungen der Selbstständigkeit – vom Umgang mit Kunden bis hin zur finanziellen Planung und dem eigenen Zeitmanagement. Wir suchen die Schuld bei anderen und auch im Unternehmen machen wir den Marketing-Chef, die Produktionsverantwortlichen, der Steuerberater oder die Technik für das verantwortlich, was nicht funktioniert. Auf diese Weise werden wir niemals erfolgreich sein. Radikale Eigenverantwortung zu übernehmen bedeutet, zu erkennen: Ich kann mein Leben verändern. Ich weiß, dass ich selbstwirksam bin. Die Qualität meiner Gedanken und meiner Gefühle, die ich nicht unterdrücken muss, sondern voll und ganz fühlen darf, bestimmt mein Leben. Ich kann wählen, welche Gefühle und Gedanken mir dienen und mich weiterbringen. Die Qualität meiner Worte, Entscheidungen und Handlungen ist entscheidend dafür, ob ich im Leben erfolgreich, harmonisch und ausgeglichen bin. Indem wir radikale Eigenverantwortung übernehmen, erkennen wir, dass unser Erfolg und Wohlbefinden in unseren eigenen Händen liegen. Wir haben die Macht, unser Leben positiv zu gestalten, wenn wir bereit sind, die volle Verantwortung für alles, was wir denken, fühlen, sagen und tun, zu übernehmen.

Für mich war es ein Game-Changer zu verstehen, dass ich immer eine Wahl habe. In meinem Körperorientierten Glücks- und Resilienz-Training bringe ich gern das Beispiel von Nelson Mandela ein. Er verbrachte 27 Jahre im

Gefängnis und hätte seine Vision aufgeben können. Er wurde ungerecht behandelt in südafrikanischen Gefängnissen und litt enorm. Doch trotz der Ungerechtigkeit oder gerade deswegen ging er hinaus und veränderte die Welt. Nelson Mandela übernahm radikale Eigenverantwortung für sein Denken, Fühlen, Sprechen und Handeln. Er ließ sich nicht von den Umständen treiben, sondern verfolgte seine hohe Vision und richtete all seine Gedanken, Gefühle, Worte, Entscheidungen und Handlungen danach aus.

Für mich war es der entscheidende Wendepunkt zu verstehen, dass ich mich in jedem Moment meines Lebens fragen kann: Was unterstützt mich hier? Was dient mir? Dient es mir, das endlose Gedankenkarussell zu füttern? Oder kann ich etwas anderes wählen? Kann ich ganz andere Gefühle, ganz andere Worte wählen? Welche Geschichte erzähle ich mir selbst? Ich kann auch eine ganz andere Geschichte wählen.

Ich habe immer die Wahl.

Die Umstände definieren nicht, wer ich bin. Indem ich radikale Eigenverantwortung übernehme, erkenne ich meine eigene Macht, mein Leben positiv zu gestalten und meine Vision zu verfolgen, unabhängig von äußeren Bedingungen.

Möchtest Du erfolgreich sein in Deinem Business, in Deiner Firma, in Deiner Selbstständigkeit? Übernehme radikale Eigenverantwortung für alles. Sei nicht zu streng mit Dir, aber sei Dir bewusst, dass Du immer eine Wahl hast. Wähle bewusst die Gedanken, Gefühle, Worte und Handlungen, die Dein Unternehmen voranbringen. Erfolg entfaltet sich mit der Entscheidung, die volle Verantwortung zu übernehmen.

3.7 Unternehmerische Eichenwurzel 7: Selbstbestimmung und Selbstwirksamkeit

Es ist von grundlegender Bedeutung, die Opferrolle zu verlassen und zu verinnerlichen, dass Du selbst wirksam bist. Dies verändert nicht nur Dein persönliches Leben, sondern auch Dein unternehmerisches Handeln. Du hast die Fähigkeit, Dein Geschäft zu lenken und Prozesse zu beeinflussen. Natürlich liegt nicht alles in Deinen Händen. Es gibt Angelegenheiten, die unter Deiner Kontrolle stehen, solche, die von anderen Menschen abhängen und solche, die sich vollständig menschlicher Einflussnahme entziehen. Dennoch hast Du über viele Aspekte deines Lebens erhebliche Kontrolle und die Möglichkeit zur Selbstbestimmung und Selbstwirksamkeit. Dies anzuerkennen und in Deine Unternehmensführung einfließen zu lassen, stärkt Dein Selbstbewusstsein und trägt maßgeblich zum Erfolg deines Unternehmens bei. Erlaube Dir, diese Selbstwirksamkeit anzunehmen und in Dein berufliches Handeln zu integrieren. Deine Selbstwirksamkeit hilft Dir, erfolgreich zu sein. Selbstwirksamkeit bedeutet, dass Du daran glaubst, Dinge aus eigener Kraft zu schaffen. Du traust Dir zu, Herausforderungen zu meistern und Deine Ziele zu erreichen.

Ein Beispiel aus meinem Leben: Als mein Yoga-Studio im Jahr 2020 über insgesamt neun Monate geschlossen wurde, weil wir per Gesetz keine Gruppen mehr in Präsenz unterrichten durften, musste ich neue Geschäftsfelder erschließen. Also wagte ich den Schritt in die Online-Welt. Obwohl ich mich technisch gar nicht gut auskannte und das noch nie gemacht hatte, waren es mein Mut, meine Kreativität, meine Selbstwirksamkeit und mein tiefes Vertrauen in meinen Lebensprozess, die mir halfen, diesen Schritt zu gehen. Ich glaubte daran, dass ich das schaffen konnte. Mein Selbstbewusstsein half mir, die neuen Herausforderungen zu meistern. Ich vertraute meinen Fähigkeiten und war entschlossen, mich in die Technik einzuarbeiten. Schritt für Schritt habe ich gelernt, wie man Online-Kurse plant, aufnimmt und vermarktet. Anfangs war es komplex. Es gab viele Unsicherheiten und technische Hürden. Heute habe ich eine erfolgreiche Online-Akademie, in der ich körperorientierte Glücks- und Resilienz-Trainer:innen ausbilde. Dies alles habe ich erreicht, weil ich daran geglaubt habe, dass ich es schaffen kann, auch wenn ich mich anfangs nicht in diesem Bereich auskannte. Ich habe gelernt, zu lieben, was ich nicht liebte. Wir sehen oft, wie erfolgreiche Menschen ein supercooles Leben führen und alles lieben, was sie tun. Aber wir vergessen, dass sie gelernt haben, auch das zu lieben, was sie ursprünglich nicht mochten. Indem ich gelernt habe, die Prozesse und Techniken zu lieben, die ich anfangs nicht mochte, habe ich begonnen, sie zu meistern und erfolgreich zu werden. Heute gehört meine Körperorientierte Glücks- und Resilienz-Akademie mit meiner einzigartigen, selbst entwickelten Methode, dem Körperorientierten Glücks- und Resilienz-Training, zu den führenden Ausbildern für Resilienz im deutschsprachigen Raum. Wenn Du an Dich glaubst, kannst Du Großes erreichen – selbst, wenn Du auf unbekanntem Terrain unterwegs bist. Du hast die Kraft und die Fähigkeiten, alles zu meistern. Dein Urvertrauen im Leben gibt Dir den Mut, es zu tun und Deine Selbstwirksamkeit hilft Dir, es zu schaffen.

Uns wird durch die Erziehung in der Gesellschaft und oft auch durch die Religion vermittelt, dass Selbstbewusstsein keine Tugend sei. Demut gilt als Tugend. Deshalb wollen wir nicht selbstbewusst sein, weil wir Selbstbewusstsein mit Narzissmus und Egoismus verbinden. Diese Auffassung ist jedoch falsch. Wir dürfen selbstbewusst sein. Wenn Du wirklich selbstbewusst bist und in Deiner Kraft stehst, bist Du auch demütig. Du erkennst dann, dass Du letztlich nichts weißt. Wahre Demut entsteht erst, wenn wir in unserer inneren Kraft sind. Dann weißt Du, dass Du nichts weißt. Wahre Demut entwickelt sich, wenn wir in unserer eigenen Stärke stehen. In diesem Zustand wird uns bewusst, dass wir nicht alles wissen. Doch gerade dieses Bewusstsein eröffnet uns eine tiefere Form von Weisheit. Wenn wir zum Himmel aufschauen und die Sterne betrachten oder ein Baby beobachten, wird uns klar, dass unser Wissen begrenzt ist. Diese Einsicht bringt uns nicht nur Gelassenheit, sondern auch eine natürliche Demut, die aus unserer inneren Kraft heraus entsteht.

Diese Welt ist voller Menschen, die innerlich aus der Balance geraten sind. Menschen, die ihren eigenen Schmerz und ihre Frustration auf Andere übertragen, weil sie keinen anderen Weg sehen, damit umzugehen. Menschen, die Entscheidungen aus Angst, aus tiefem Mangelgefühl oder aus einem Ort des Schmerzes heraus treffen. Sie sind gefangen in der Vorstellung, dass das Leben hart, erschöpfend und voller Entbehrungen ist. Der Glaube, ständig kämpfen zu müssen – ums Überleben, um Anerkennung, gegen Andere – dominiert ihre Gedanken und Handlungen. Die Welt ist also voller Menschen, die innerlich aus dem Gleichgewicht geraten sind. Diese innere Unruhe spiegelt sich selbstverständlich in ihrem Unternehmertum wider – sie kämpfen ums Überleben, statt aus einer stabilen, inneren Mitte heraus zu handeln. Wer im Business nicht in seiner eigenen Kraft steht, wird langfristig keinen Erfolg haben. Denn ein Unternehmen kann nur so stark sein wie die innere Stabilität und Klarheit desjenigen, der es führt.

Weißt Du, dass Du selbstwirksam bist? Du bist selbstwirksam, ob Dir das bewusst ist oder nicht. Es ist unmöglich, nicht selbstwirksam zu sein. Selbstwirksamkeit beschreibt die Fähigkeit, durch eigene Gedanken, Entscheidungen und Handlungen die eigene Realität zu gestalten. Auch wenn wir uns manchmal machtlos oder gefangen fühlen, beeinflussen wir durch unsere Reaktionen, unser Verhalten und unsere Haltung die Situation und die Menschen um uns herum. Selbst wenn wir passiv erscheinen, treffen wir die Entscheidung, nicht zu handeln – was wiederum eine Form der Selbstwirksamkeit darstellt. Jeder Gedanke, jedes Gefühl und jede Handlung haben Auswirkungen, und diese Erkenntnis verdeutlicht, dass wir ständig in einem Prozess der Gestaltung sind. Es geht also darum, sich dieser Kraft bewusst zu werden und sie bewusst zu nutzen, um das eigene Leben positiver und erfüllter zu gestalten. Wisse, dass Du einen Unterschied machen kannst, in Deinem Leben, in Deiner Familie, in Deiner Community und in der Welt. Als Unternehmerin oder Selbstständige hast Du definitiv die Möglichkeit, Dein eigenes Leben zu lenken. Du kannst Deine Zeit bestimmen und Deine Einnahmen steuern. Deshalb ist es sehr erstrebenswert, Unternehmerin zu sein oder zu werden. Doch es ist genauso erstrebenswert, ausgeglichen und glücklich zu sein und in Deiner inneren Kraft zu stehen, was ich einen resilienten Zustand nenne. Menschen, die ausgeglichen und erfolgreich sind und in ihrer eigenen Kraft stehen, bereichern die Welt. Glückliche Menschen zerstören weder die Welt noch sich selbst oder andere Menschen. Sie arbeiten für den Wohlstand der Gesellschaft und zum Wohl der Welt.

3.8 Unternehmerische Eichenwurzel 8: Körperbewusstsein

Dein Körper ist ein präzises Barometer, das Deine inneren Zustände und Gefühle nach außen trägt. Deine Körperhaltung, Bewegungen und Mimik sprechen lauter als

Worte. Der Körper lügt nicht. In der Geschäftswelt spielt dies eine entscheidende Rolle. Dein Körperbewusstsein beeinflusst, wie Du wahrgenommen wirst und wie Deine Kommunikation wirkt. Erfolg ist Kommunikation. Dein Körper ist auch ein Barometer andersherum. Durch Deine Körperhaltung kannst Du Deine Gedanken, Gefühle und inneren Zustände verändern. Stehe und sitze aufrecht und Du wirst das Gefühl der Niedergeschlagenheit oder Überforderung verändern. Zeige Deinen Gedanken wie sie sein sollen, indem Du die entsprechende Körperhaltung einnimmst. Deine Körperhaltung formt Deine innere Welt und Deine innere Welt formt Dein Business. Dein Körper formt also Dein Business – sei körperbewusst.

Kennst Du das? In Momenten des Unwohlseins oder Jammerns bedecken wir unser Gesicht mit den Händen oder stützen den Kopf auf die Hand. Diese Gesten signalisieren Resignation oder Überforderung und verstärken diese Zustände sogar.

- **Beispiel – Stress im Büro:** Du bist gestresst und geneigt, Deinen Kopf in die Hände zu stützen. Diese Haltung verstärkt Dein Gefühl der Hilflosigkeit. Stattdessen solltest Du aufstehen, die Schultern zurückziehen und tief durchatmen. Diese einfache Veränderung Deiner Körperhaltung hilft Dir, Dich sofort selbstbewusster und kontrollierter zu fühlen.
- **Metapher – Der Adler im Sturm:** Stell Dir vor, Du bist ein Adler im Sturm. Wenn Du die Flügel hängen lässt, wirst Du vom Sturm hin- und hergeworfen. Aber wenn Du Deine Flügel ausbreitest und stabil bleibst, gewinnst Du an Höhe und Kontrolle. Ebenso beeinflusst eine aufrechte und entschlossene Körperhaltung Deine innere Stabilität und Deine Fähigkeit, Herausforderungen zu meistern.

Anstatt sich in destruktiven Körperhaltungen zu verlieren, können wir bewusst eine positive Körpersprache einsetzen. Stehe und sitze aufrecht, zeige offenen Blickkontakt und nutze Gesten, die Offenheit und Vertrauen signalisieren.

- **Beispiel – Kundenberatung:** Du berätst einen Kunden und möchtest ihm zeigen, dass Du seine Bedürfnisse verstehst. Eine offene Körperhaltung, ein freundliches Lächeln und leichtes Nicken signalisieren, dass Du wirklich zuhörst und seine Anliegen ernst nimmst. Diese nonverbalen Signale stärken das Vertrauen und fördern eine positive Beziehung.
- **Beispiel – Mitarbeitergespräch:** In einem Mitarbeitergespräch möchtest Du Verständnis und Unterstützung zeigen. Du lehnst Dich leicht vor, schaust offen und zeigst durch Deine Gesten, dass Du aufmerksam und interessiert bist. Diese Körpersprache schafft eine angenehme Atmosphäre und ermutigt den Mitarbeiter, offen zu sprechen. Dein Körper ist ein kraftvolles Werkzeug. Erkenne die Sprache deines Körpers und nutze sie, um Dein geschäftliches Handeln zu optimieren.

Die Kraft der Körperbewusstheit
Es gibt sieben Grundemotionen nach Paul Ekman: Freude, Traurigkeit, Wut, Angst, Überraschung, Ekel und Verachtung (vgl. Ekman, 2016). Diese Grundemotionen machen uns Menschen alle gleich. Unabhängig von Nationalität, Wohnort oder Sprache, wir alle reagieren körperlich gleich auf diese Emotionen. Beispielsweise „re-agieren" wir alle körperlich ähnlich auf Überraschung: weit geöffnete Augen, hochgezogene Augenbrauen und ein offener Mund. Doch nach diesem ersten, automatischen körperlichen Ausdruck haben wir die Möglichkeit, bewusst zu entscheiden, wie wir „agieren" wollen.

Stelle Dir jetzt hier vor, ein Kunde überrascht Dich mit einer negativen Bewertung auf Google. Nach der klassischen, ersten körperlichen Reaktion, die überall auf der Welt gleich ist, kommt Deine bewusste Reaktion.

Bewusste Reaktion statt automatischer, unbewusster Reaktion

- **Erste körperliche Reaktion:** Deine Augen weiten sich, Dein Herzschlag beschleunigt sich – die Überraschung und Ärger oder Traurigkeit sind sichtbar.
- **Bewusste Entscheidung:** Du wählst bewusst Deine Körperhaltung und Deine Gedanken und Gefühle. Du öffnest Deinen Körper und Dein Herz, richtest Deine Schultern auf, atmest tief durch und antwortest auf die Rezension mit Selbstbewusstsein, Klarheit, Verständnis und Deiner Wahrheit.

Also ein Kunde hinterlässt eine negative Bewertung. Deine erste Reaktion ist eben Traurigkeit, Überraschung oder Wut, was sich in Deiner Körpersprache zeigt. Doch dann wählst Du bewusst eine offene Haltung. Du richtest Dich auf, entspannst Deine Gesichtszüge und reagierst mit Verständnis. Du dankst dem Kunden für sein Feedback, bietest eine Lösung an und zeigst damit Deine Professionalität und Empathie. Setze Dein Körperbewusstsein ein, gewinne die Macht über Deine „Re-aktionen" und „agiere" konstruktiv auf Herausforderungen. Dies stärkt Deine Resilienz und die Wahrnehmung deines Unternehmens durch Andere. Nutze Deinen Körper, um bewusst Toleranz, Empathie, Charisma, Freude, Verbundenheit und Freundlichkeit auszustrahlen. Wie ist die Körperhaltung Deiner Mitarbeiter, ihr Erscheinungsbild, der Ton der Stimme am Telefon, das Schreiben am Schreibtisch und das Eintreten in den Präsentationsraum? Deine Mitarbeiter sind eine Erweiterung von Dir, Dein Geschäft ist eine Verlängerung von Dir. Achte auf ihre und Deine Körpersprache. Hast Du Charisma, Ausstrahlung? Haben Deine Mitarbeiter und Deine Firma Ausstrahlung? Ausstrahlung kannst Du nicht kaufen. Sie stellt sich ein, wenn wir für unsere Lebensvision brennen, wenn wir „on fire" sind. Zünde Deinen Körper an, lebe Deine Visionen, diene, helfe, lebe, und Dein Körper und Deine Seele werden „on fire" sein. Somit auch Deine Mitarbeiter und Dein Geschäft.

3.9 Unternehmerische Eichelwurzel 9: Lernbereitschaft

Menschen, die eine grundsätzliche Lernbereitschaft haben, sind resilienter als andere. Wenn Du bereit bist, aus jeder Situation etwas zu lernen, spielt es keine Rolle, in welcher Lage Du Dich befindest. Du wirst immer etwas Wertvolles daraus mitnehmen. In meinen Trainings und Ausbildungen frage ich am Ende jeder Einheit: „Was nimmst Du heute mit?" Diese Frage ist ein fester Bestandteil meines Programms. Die Antworten kommen von Menschen mit unterschiedlichsten Berufen und Hintergründen – von Menschen in der Medizin, dem Ingenieurwesen, im öffentlichen Dienst, in der Tanztherapie, der Pflege, der Kosmetik, im Unternehmertum, in der Selbstständigkeit und im Networkmarketing bis hin zu Studierenden und Ruheständlern. Ich kenne ihre Haltungen, unabhängig davon, wo sie leben, welche familiären Situationen sie haben oder welchen Beruf sie ausüben. Ihre Wörter sprechen. Ihre Rückmeldungen darüber, was sie mitgenommen haben, sagen mehr über sie aus als jede formale Qualifikation oder Kategorisierung.

Wenn Du bereit bist, aus jeder Situation etwas zu lernen, wirst Du erfolgreich sein. Die Bereitschaft zu lernen – von denen, die arm sind, um zu verstehen, wer sie sind, warum sie arm sind, was ihre Lebensgeschichte ist. Die Bereitschaft zu lernen – von denen, die drogenabhängig sind oder im Gefängnis sitzen, zu verstehen, welche Entscheidungen sie getroffen haben, um dort zu sein, hilft Dir zu erkennen welchen Weg Du selbst gehen willst. Die Bereitschaft zu lernen – von den Schwächeren und Kranken, von denen, die leiden. Die Bereitschaft zuzuhören, was sie zu sagen haben und was sie erlebt haben. Die Bereitschaft zu lernen – von Menschen, die im Geschäftsleben gescheitert sind. Die Bereitschaft zu lernen – von den Erfolgreichsten, von Menschen, die Großes in dieser Welt erreicht haben. Von Menschen, die Millionen und Billionen im Business umgesetzt haben. Von Menschen, die in vielen Lebensbereichen und auch in der Unternehmenswelt erfolgreich sind. Die Bereitschaft, von jedem zu lernen, macht Dich resilient und stark. Die Bereitschaft zu lernen und Vorbilder zu haben, ist für uns alle wichtig. In Deutschland gibt es eher einen großen Widerstand dagegen, Menschen zu verehren oder als Vorbilder zu sehen, was aus unserer Geschichte verständlich und auch gesund ist. Aber wir sollten nicht übertreiben und zu vorsichtig sein. Wir brauchen Vorbilder. Es gab, gibt und wird immer großartige Menschen in dieser Welt geben, die in der Wirtschaft, der Politik, im sozialen Bereich, im Business, in der Musikwelt, im Filmbereich und auch in unserem direkten Umfeld Großes bewegt haben. Es gibt viele Persönlichkeiten, die wir als Vorbilder nehmen können. Vielleicht sind sie nicht in allen Lebensbereichen ein Vorbild, aber jeder Mensch hat Stärken und kann uns in irgendeiner Weise als Vorbild dienen. Deine Bereitschaft, diese Stärken zu erkennen und Menschen für das, was sie erreicht haben und den Weg, den sie gegangen sind, zu schätzen, macht Dich resilient. Diese Offenheit und Wertschätzung machen Dich demütig und bereit, die Schritte auf Deinem eigenen Lebensweg besser zu verstehen. Vorbilder können uns unglaublich inspirieren, unseren eigenen Weg zu gehen, weil sie ihren eigenen Weg gegangen sind.

Wenn zehn Menschen lachen, wirst Du die Elfte sein, die lacht. Wenn zehn Menschen weinen, wirst Du der Elfte sein, der weint. Wenn zehn Menschen im Business erfolgreich sind, wirst Du die Elfte sein, die erfolgreich ist. Umgib Dich mit Menschen, die Dich inspirieren und motivieren. Erlaube Dir, Vorbilder zu haben. Sei bereit, von jedem und aus allem zu lernen. Lerne auch von Deinen Misserfolgen, Deinen Fehlern und Deinen Fehlentscheidungen. Lerne von der Geschichte der Menschheit und von der Geschichte Deiner Familie. Lerne aus Büchern, Kursen und Ausbildungen. Lerne unaufhörlich, denn Dein Business, Deine Firma, Dein Geschäft wird florieren, wenn Du nie aufhörst, Dich weiterzuentwickeln und ständig im Lebens- und im Geschäftsprozess lernbereit bleibst.

In meinen Ausbildungen betone ich jedes Mal, dass wir nur dann gute Resilienztrainer:innen sind, wenn wir auch gute Schüler bleiben. Wenn Du glaubst, alles zu wissen und nichts mehr lernen zu brauchen, wirst Du niemals erfolgreich sein. Trotz der Alpha-Rolle, trotz der Verantwortung, die wir übernehmen, und trotz der Gewohnheit, zu führen und zu erklären, sollten wir demütig bleiben und von jedem Mitarbeiter, jedem Kunden und jedem Businessprozess lernen. Nur dann werden wir wirklich erfolgreich und erfüllt sein.

Lernbereitschaft bedeutet auch, dass Du trainierbar bleibst und Dich von Mentoren:innen, Trainer:innen und Coaches begleiten lässt. Training ist wichtig, weil viele Veränderungen nicht von heute auf morgen eintreten, sondern langfristiges Dranbleiben erfordern. Erfolgreiche Unternehmer:innen haben Mentoren, Trainer und Coaches an ihrer Seite. Spitzensportler, die bei den Olympischen Spielen antreten oder ihr Land vertreten, sind ohne Trainer:innen kaum vorstellbar. Alle haben jemanden an der Seite, der sie begleitet und unterstützt. Das ist für uns selbstverständlich. Doch wenn wir selbst Großes erreichen wollen, erkennen wir nicht, dass auch wir jemanden brauchen – einen Coach oder Mentor, der uns hilft, unsere Ziele zu verwirklichen und über uns hinauszuwachsen. Ein Mentor ist jemand, der über umfangreiche Erfahrung und Wissen in einem bestimmten Bereich verfügt und bereit ist, dieses Wissen mit Dir zu teilen. Mentoren bieten Einblicke und Unterstützung basierend auf ihren eigenen Erfahrungen und fungieren deswegen als Vorbilder. Ich bin eine leidenschaftliche Mentorin und begleite meine Kunden auf dem Weg zu ihrer eigenen Kraft, Erfolg und Glückseligkeit, die durch das Leben ihrer Lebensbestimmung erwacht.

Ein Coach konzentriert sich darauf, Dir zu helfen, spezifische Ziele zu erreichen. Coaches stellen gezielte Fragen, fördern die Selbstreflexion und helfen Dir, eigene Lösungen zu finden. Sie arbeiten oft kurzfristig und zielgerichtet an bestimmten Herausforderungen oder Entwicklungsbereichen. Ein Trainer hingegen ist darauf spezialisiert, Dir bestimmte Fähigkeiten und Techniken beizubringen. Trainer legen großen Wert auf regelmäßiges Üben und Wiederholen, um langfristige Veränderungen und Verbesserungen zu erzielen. Sie entwickeln Programme und Übungen, die darauf abzielen, Deine Fähigkeiten systematisch zu verbessern und Deine Entwicklung kontinuierlich zu fördern. Ich sage oft, dass Training den Meister macht, weil ich großen Wert auf kontinuierliches Üben lege. Deshalb nenne ich meine Methode „körperorientiertes Glücks- und Resilienztraining". Mit den richtigen Körperübungen trainieren wir gezielt innere Stärke, Glückseligkeit und Erfolg.

Ich bin Yoga-Lehrerin und Pilates-Trainerin und weiß, dass regelmäßiges Training wichtig ist. Ich bin auch Supervisorin und supervidiere Teams. Als Supervisorin helfe ich, Herausforderungen zu identifizieren, Lösungsstrategien zu entwickeln und die persönliche und berufliche Entwicklung zu fördern.

In meiner dreijährigen Weiterbildung zur Supervisorin wurde mir manchmal scherzhaft gesagt, dass ich eher wie eine Trainerin auftrete. Das liegt daran, dass meine Leidenschaft für das Trainieren tief verankert ist. Ich liebe es, Menschen dabei zu unterstützen, sich durch gezieltes Üben weiterzuentwickeln. Natürlich weiß ich, dass Supervision einen anderen Ansatz erfordert – dort geht es vor allem um Reflexion und Begleitung. Doch in meinen Körperorientierten Glücks- und Resilienz-Trainingskursen oder Ausbildungen erwarte ich von meinen Teilnehmern, dass sie regelmäßig trainieren. Ich fordere sie auf, täglich und wöchentlich zu üben, weil ich fest davon überzeugt bin, dass nur durch kontinuierliches Anwenden des Gelernten echte, langfristige Erfolge erzielt werden. Dieses konsequente Training ist der Schlüssel, um Fähigkeiten zu entwickeln und zu festigen.

Mentor:innen, Coaches, Trainer:innen und Supervisor:innen eröffnen Räume voller neuer Möglichkeiten. Sie haben Erfahrungen, das Wissen und die Fähigkeiten, die uns wahrscheinlich noch fehlen. Indem wir uns von ihnen begleiten und inspirieren lassen, können wir Herausforderungen gezielt angehen und unsere Entwicklung beschleunigen.

Oft höre ich den Satz: „Ich kann es mir nicht leisten." Meine Antwort darauf lautet immer: „Was kostet es Dich, es nicht zu tun?" Denn alles hat seinen Preis. Wenn ein Mentor 20 Jahre gebraucht hat, um seine Erkenntnisse zu gewinnen, die er Dir jetzt weitergeben kann, wirst Du vielleicht auch 20 Jahre brauchen, um dasselbe Wissen zu erlangen. Indem Du die Bezahlung des Mentors vermeidest, zahlst Du stattdessen mit 20 Jahren deines eigenen Weges. Wenn Du das erkennst, bist Du vielleicht eher bereit, den Preis zu zahlen, um diese 20 Jahre zu überspringen. Für mich hat es sich immer gelohnt.

3.10 Unternehmerische Eichelwurzel 10: Selbstfürsorge

Oft stellen wir uns ganz ans Ende der Prioritätenliste: Wenn das Geschäft erfolgreich ist, wenn in der Familie alles passt, wenn dies und das erledigt ist, dann kümmere ich mich um mich. Besonders Frauen, vor allem Mütter, aber auch viele andere, neigen dazu zu glauben, dass sie ihre eigenen Bedürfnisse erst dann befriedigen dürfen, wenn alle Baustellen um sie herum geklärt sind. Es ist entscheidend, sich selbst an die erste Stelle zu setzen, liebevoll mit sich umzugehen und Selbstfürsorge zu praktizieren. Du bist die wichtigste Person in deinem Leben.

Ich erinnere mich immer an das Beispiel aus dem Flugzeug: Als ich mit meinen fünf kleinen Kindern nach Uruguay flog, um meine Eltern zu besuchen, habe ich oft die Sicherheitsanweisungen der Stewardessen gehört. Sie sagten: „Setzen Sie zuerst Ihre eigene Sauerstoffmaske auf, bevor Sie sich um Ihre Kinder kümmern." Damals dachte ich: „Das ist unmöglich, das sagt jemand, der keine Kinder hat. Natürlich kommen zuerst die Kinder dran!" Es hat Jahrzehnte gedauert, bis ich verstanden habe: Nur wenn ich genug Sauerstoff habe, kann ich mich um andere kümmern – um meine Kinder, meine Mitarbeiter, meine Schutzbefohlenen. Du selbst bist die wichtigste Person in deinem Leben.

3 Die 14 unternehmerischen Eichenwurzeln

Ob wir ein neues Business starten, ein großes Projekt angehen oder vor einer komplexen Herausforderung stehen – wir investieren all unsere Energie und sind wahrscheinlich ungeduldig, bis wir endlich durchstarten. Das erinnert an den Start eines Flugzeugs: Es braucht gewaltige Mengen an Treibstoff, um vom Boden abzuheben und die Schwerkraft zu überwinden. Auch Du benötigst diese Energie und Kraft, um Deine Projekte in die Luft zu bringen. Doch genauso wie das Flugzeug Treibstoff braucht, um zu fliegen, benötigst Du Selbstfürsorge, um langfristig durchzuhalten und erfolgreich sein zu können. Nur wenn Du Dich um Dich selbst kümmerst, kannst Du wirklich durchstarten. Selbstfürsorge bedeutet, Dir Zeit und Raum zu geben, um körperlich, geistig und emotional aufzutanken. Selbstfürsorge ist unerlässlich für Deinen unternehmerischen Erfolg. Sie ist keine Schwäche, sondern Deine größte Stärke. Sie macht Dich widerstandsfähig und gibt Dir die Kraft, Dein volles Potenzial auszuschöpfen. Bewege Dich regelmäßig. Iss ausgewogen. Schlafe ausreichend. Plane feste Zeiten für Sport und Entspannung ein. Setze klare Grenzen für Arbeits- und Ruhezeiten. Nutze Meditation, Achtsamkeit oder einfach regelmäßige Pausen, um Deinen Geist zu beruhigen. Reflektiere regelmäßig. Nehme alle Deine Gefühle wahr. Priorisiere Aufgaben. Delegiere. Lerne „Nein" zu sagen. Plane bewusste Pausen ein. Kurze Spaziergänge, Atemübungen oder einfaches Abschalten wirken Wunder. Umgib Dich mit inspirierenden und unterstützenden Menschen. Bleibe neugierig. Regelmäßige Fortbildungen und Fachliteratur halten Dich geistig fit. Pflege Deine Hobbies. Freizeitaktivitäten sind wichtig, um abzuschalten und neue Energie zu tanken.

Selbstfürsorge betrifft nicht nur Dich. Als Unternehmer und Führungskraft hast Du eine Vorbildfunktion. Lebe Selbstfürsorge vor. Inspiriere Deine Mitarbeiter, ebenfalls auf ihre Gesundheit und ihr Wohlbefinden zu achten. Zeige Deinen Mitarbeitern, dass es in Ordnung und wichtig ist, auf sich selbst zu achten. Dies fördert nicht nur die individuelle Gesundheit, sondern steigert auch die kollektive Produktivität und das Wohlbefinden.

Selbstfürsorge ist kein einmaliges Ereignis, sondern ein fortlaufender Prozess. Gerade in Krisenzeiten ist Selbstfürsorge besonders wichtig. Wenn Du unter Druck stehst, kann es verlockend sein, Deine Gesundheit zu vernachlässigen. Gerade dann musst Du auf Dich achten. Selbstfürsorge gehört auch in Deine langfristige Planung: Finde eine Balance zwischen Beruf und Privatleben und plane Dein Geschäft nachhaltig und langfristig. Selbstfürsorge ist die Grundlage für ein erfolgreiches und erfülltes Unternehmerleben. Sie gibt Dir die Stärke, in guten und „schlechten" Zeiten resilient zu bleiben. Investiere kontinuierlich in Deine Gesundheit und Dein Wohlbefinden. So schaffst Du die besten Voraussetzungen für ein florierendes Business und ein erfülltes Leben.

3.11 Unternehmerische Eichenwurzel 11: Flexibilität

Stures Festhalten an alten Methoden und Denkweisen bremst Dein Wachstum. Flexibilität hingegen ermöglicht es Dir, Dich schnell an neue Gegebenheiten anzupassen. Wir leben in einer Zeit, die wirklich besonders ist. Die Ära der künstlichen Intelligenz. Sie ist gekommen, um zu bleiben, und sie wird unser Leben verändern – genauso wie damals die Erfindung des Rads, der Elektrizität oder des Internets. Ich erinnere mich gut, als ich mein Reisebüro in Deutschland hatte. Drei Filialen. Wir verkauften Flugtickets und Fahrkarten für das größte Zugunternehmen in Deutschland. Und dann kam das Internet. Wie viele andere dachten wir, das betrifft uns nicht. Es fühlte sich so weit weg an. Wie etwas, das unsere Welt nicht verändern würde. Ich habe mich nicht angepasst. Ehrlich gesagt, ich wollte es nicht sehen. Und dann hat es uns eingeholt. Die Tickets wurden online günstiger, die Automaten im Bahnhof machten uns Konkurrenz und irgendwann hörten die Airlines auf, uns Provision zu zahlen. Wir mussten unseren Kunden Gebühren für die Ticketbuchung berechnen. Das war der Anfang einer großen Krise – nicht nur für die Branche, sondern auch für mich persönlich. Damals war ich schwanger mit meinem vierten Kind. Ich hatte nicht die Klarheit oder den Mut, mich diesen Veränderungen zu stellen. Und am Ende mussten wir alles schließen. Ich habe nicht reagiert, als die Veränderungen kamen. Ich habe es nicht geschafft, flexibel zu bleiben und mein Geschäft ging den Bach runter. Doch im Dezember 2022, als die Nachricht über den Durchbruch der künstlichen Intelligenz kam, wusste ich: Jetzt muss ich handeln. Diesmal lasse ich die Chance nicht an mir vorbeiziehen. Ich habe beschlossen, mich vollständig darauf zu konzentrieren. Diesmal werde ich vorne mit dabei sein und das neue Zeitalter nicht nur annehmen, sondern aktiv mitgestalten.

Flexibel sein bedeutet, offen für Veränderungen zu sein und bereit sein, Deine Pläne und Strategien anzupassen. Es geht darum, auf unvorhergesehene Situationen zu reagieren und Lösungen zu finden, die vorher vielleicht nicht offensichtlich waren. Flexibilität ist wichtig, im Umgang mit äußeren Veränderungen und auch im täglichen Geschäftsbetrieb. Wenn sich Marktbedingungen ändern und Du mental flexibel bist, kannst Du schneller reagieren und weiterhin auf Kurs bleiben. In meiner Wahrnehmung: ein erfolgreiches Geschäft ohne Online-Präsenz zu führen, wird immer unwahrscheinlicher. Die Digitalisierung schreitet voran, und die Nutzung von Social Media und künstlicher Intelligenz ist entscheidend, um sichtbar zu bleiben, zu wachsen und sich als Unternehmer weiterzuentwickeln. Deshalb habe ich mich in diesem Bereich weitergebildet und biete nun auch selbst digitale Produkte und Marketingkurse an. Durch meine „Fehler" habe ich erkannt, wie wichtig es ist, mit technologischen Veränderungen Schritt zu halten. Heute bin ich flexibel, offen für Neues und immer zeitgemäß.

Flexibilität fördert Deine Kreativität und Innovation. Menschen mit kreativen Fähigkeiten haben eine höhere Wahrscheinlichkeit, Erfolg zu haben. Du bist eher bereit, neue Ideen auszuprobieren und originelle Lösungen zu entwickeln. In Zeiten der Krise kannst Du schneller umdenken und alternative Wege finden, um Dein Geschäft am Laufen zu halten. Sei grundsätzlich bereit, alte Gewohnheiten und Prozesse zu überdenken. Stelle sicher, dass Du offen für neue Ideen und Ansätze bist. Halte Dich auf dem Laufenden über Entwicklungen in Deiner Branche. Besuche Fortbildungen und bleibe neugierig. Implementiere agile Methoden in Deinem Geschäftsprozess. Diese ermöglichen es Dir, schnell auf Veränderungen zu reagieren und Deine Strategien anzupassen. Setze nicht alles auf eine Karte. Diversifiziere Deine Produkte, Dienstleistungen und Märkte, um bei Veränderungen flexibel zu bleiben.

Flexibilität beginnt auch im Alltag. Plane Deinen Tag, aber sei bereit, Deine Pläne anzupassen, wenn nötig. Lerne, Prioritäten zu setzen und flexibel auf Veränderungen zu reagieren. Bleibe in Krisenzeiten flexibel.

Frage regelmäßig nach Feedback von Mitarbeitern, Kunden und Geschäftspartnern. Sei offen für Feedback und bereit, Deine Ansätze zu überdenken. Flexibilität im Umgang mit Deinen Mitarbeitern und Geschäftspartnern schafft ein positives Arbeitsumfeld, denn Du kannst auf sie eingehen.

Flexibilität ist auch eine wichtige Führungsqualität. Als Führungskraft musst Du in der Lage sein, Dein Team durch Veränderungen zu führen und es zu inspirieren, flexibel zu bleiben. Ermutige Deine Mitarbeiter, flexibel zu arbeiten und eigene Lösungen zu finden. Gib ihnen die Freiheit, kreativ zu sein und neue Ansätze auszuprobieren. Unterstütze Dein Team bei Veränderungen. Biete Schulungen und Ressourcen an, um den Übergang zu erleichtern. Flexibilität ist eine essenzielle Eigenschaft für jeden Unternehmer. Sie ermöglicht es Dir, auf Veränderungen zu reagieren, innovative Lösungen zu finden und Dein Geschäft langfristig erfolgreich zu führen. Bleibe flexibel und schaffe ein Umfeld, in dem Wachstum gedeihen kann. Bleibe offen, neugierig und bereit, Deinen Kurs zu ändern, wenn es nötig ist. So wirst Du erfolgreich, widerstandsfähig und zukunftssicher.

3.12 Unternehmerische Eichenwurzel 12: Finanzielle Gesundheit

Stell Dir Dein Unternehmen als eine majestätische Eiche vor. Die finanzielle Gesundheit deines Unternehmens ist wie die Vitalität dieser Eiche, die dafür sorgt, dass sie stark und widerstandsfähig bleibt. Wenn Du Dich gut um die Eiche kümmerst, bleibt sie gesund und kann sich gegen Krankheiten und Schädlinge wehren.

Genauso verhält es sich mit der finanziellen Gesundheit deines Unternehmens. Finanzielle Herausforderungen sind wie Krankheiten, die die Eiche schwächen, wie zum Beispiel Pilzbefall oder Schädlingsbefall. Wenn Du nicht aufpasst, können sie sich ausbreiten und ernsthafte Schäden verursachen. Deshalb treffe regelmäßig Vorsorge und handle präventiv. So kannst Du sicherstellen, dass Dein

Unternehmen gar nicht erst finanziell krank wird. Wenn eine Krankheit auftritt – etwa unerwartete Kosten oder Steuerherausforderungen – solltest Du sie sofort behandeln. Nimm sie ernst, untersuche die Ursache und finde eine Lösung. Durch eine sorgfältige Finanzplanung und regelmäßige Überprüfungen kannst Du sicherstellen, dass Deine Eiche, sprich Dein Unternehmen, gesund bleibt und sich keine finanziellen Krankheiten oder Schwächen bilden. Sei dankbar für die Möglichkeiten, die Dir ein gesundes Unternehmen bietet. Pflege es, sorge gut dafür und achte darauf, dass Du es mit präventiven Maßnahmen gesund erhältst. So kann Deine Eiche als System reibungslos gedeihen und Du kannst Dich auf das Wachstum und den Erfolg konzentrieren. Prävention, Fürsorge und ein achtsamer Umgang mit den Ressourcen sind der Schlüssel, um langfristig im Geschäft gesund und erfolgreich zu bleiben.

Auf den Punkt
Finanzielle Gesundheit bedeutet, dass Dein Unternehmen in der Lage ist, seine finanziellen Verpflichtungen zu erfüllen, Gewinne zu erzielen und zu wachsen. Wenn Du Deine Finanzen im Griff bzw. Flow hast, bleibt Dein Unternehmen langfristig stabil und erfolgreich. Solide Finanzen bieten Dir die Sicherheit, auch bei unvorhergesehenen Umständen über die Runden zu kommen. Sie ermöglichen es Dir, Risiken einzugehen und Chancen zu ergreifen, ohne finanzielle Engpässe zu riskieren. Mit einer gesunden finanziellen Basis kannst Du in Dein Unternehmen investieren, neue Märkte erschließen und Dein Geschäft erweitern. Wenn Du Deine Finanzen unter Kontrolle hast, kannst Du fundierte Entscheidungen treffen. Du weißt genau, wie viel Geld Du zur Verfügung hast und kannst besser planen. Eine gute finanzielle Gesundheit stärkt das Vertrauen von Investoren, Kunden und Geschäftspartnern in Dein Unter-

nehmen. Plane Deine Einnahmen und Ausgaben sorgfältig und achte darauf, dass Du immer einen Puffer für unvorhergesehene Ausgaben hast. Investiere klug in Dein Unternehmen. Investiere auch Zeit und Mühe in das Management Deiner Finanzen und beobachte, wie Dein Unternehmen wächst und gedeiht.

Vor allem Selbstständige, die sich um alles kümmern müssen, von den Finanzen über die Kundenakquise bis hin zur eigentlichen Dienstleistung oder dem Produkt und dem gesamten Apparat, der den täglichen Betrieb am Laufen hält, entwickeln eher eine ablehnende Haltung gegenüber den Finanzen. Besonders, wenn das Geld knapp ist, möchte man sich am liebsten gar nicht damit befassen. Ich kann das gut nachvollziehen, denn ich gehörte auch zu diesen Menschen. Ich dachte, meine Aufgabe sei es, als Ausbilderin und Resilienztrainerin in meinem fachlichen Bereich Exzellenz zu erreichen, was ich auch geschafft habe. Aber ich wollte weder mit der Technik noch mit der Buchhaltung etwas zu tun haben. Ich musste jedoch lernen, dass es in der Selbstständigkeit auch wichtig ist, sich mit Sorgfalt um die Finanzen zu kümmern und genau hinzuschauen. Auch wenn wir vielleicht Abneigungen oder Ängste haben, ist es entscheidend, sich bewusst mit den Finanzen auseinanderzusetzen.

In meinem Kurs „Unaufhaltsame Fülle" treffe ich mich einmal pro Woche online mit den Teilnehmern. Der Kurs richtet sich an Menschen, die selbstständig werden wollen oder bereits Unternehmer sind. Wir arbeiten an Themen wie Fülle-Bewusstsein, Unternehmertum und Erfolg. Ich erinnere mich an eine Sitzung, bei der eine Selbstständige erzählte, dass sie Angst davor hat, ihre Post zu öffnen. Sie lässt die Briefe wochenlang liegen, weil sie weiß, dass Rechnungen darin sind, die sie momentan nicht bezahlen kann. Jedes Mal, wenn der Postbote kommt, verspürt sie Angst.

Als sie das erzählte, stimmten viele Teilnehmer zu und gaben an, dass es ihnen genauso geht. Die meisten waren entweder selbstständig oder wollten es werden. Es ist wichtig, sich mit diesen Ängsten zu konfrontieren und die Geschichten, die wir uns selbst erzählen, zu verändern. Wir brauchen eine positive Haltung gegenüber Finanzen, Geld und Buchhaltung, um erfolgreich zu sein. In dem gleichen Kurs gab es auch erfolgreiche Unternehmer, die ortsunabhängig und finanziell komplett frei waren. Sie haben diesen Status erreicht, weil sie ihre Glaubenssätze und Überzeugungen gegenüber Geld und Finanzen so verändert haben, dass sie keine Limitierungen in diesem Bereich mehr erfahren. Ich erinnere mich auch an eine Teilnehmerin meiner Ausbildung zur Körperorientierter Glücks- & Resilienz-Trainerin. Sie erzählte, dass sie niedergeschlagen war, weil das Finanzamt ihr Konto „leergeräumt hatte". Obwohl sie erfolgreich war und das nötige Geld für die Steuern zur Seite gelegt hatte, empfand sie die Steuerkosten als übermäßig und belastend. Es ist wichtig, dass Du als Unternehmer:in verstehst, dass Steuern ein Teil des Geschäfts sind. So vermeidest Du das Gefühl von Ungerechtigkeit und Überforderung. Es ist für Deine Mentalität wichtig, die steuerlichen Verpflichtungen nicht als Belastung zu sehen. Eine konstruktive Einstellung hilft Dir, finanziell gesund und mental stark zu bleiben. Wenn es um Steuern geht, sind die Ansichten hier sehr unterschiedlich. Manche zahlen sie gerne, weil sie den Gegenwert in Form von Sicherheit, Infrastruktur und einem funktionierenden Staat sehen. Andere empfinden die Steuerlast als erdrückend und suchen nach Möglichkeiten, woanders bessere Bedingungen zu finden. Was auch immer Du wählst, wichtig ist, dass Du Deine Entscheidung mit einem guten Gefühl triffst. Ich lebe auf Mallorca und begegne immer wieder Menschen, die mit Wut, Unverständnis und Härte auf Deutschland blicken und aus diesen Gefühlen heraus das Land verlassen haben. Diese Haltung teile ich nicht. Wenn Du Dein Heimatland verlässt – egal welches Land es ist – dann tue es mit Dankbarkeit. Schlage bewusst eine neue Richtung ein, ohne Verbitterung.

Etabliere auch ein gutes Finanzmanagement-System und lasse Dich regelmäßig von einem/einer Steuerberater:in beraten. So behältst Du den Überblick und kannst besser planen.

Lass uns nun liebevoll und ohne Angst über das Thema Schulden sprechen. Nicht alle Schulden sind „schlecht" (vgl. Kiyosaki, 2023). Es gibt gesunde und ungesunde Verschuldung. Gesunde Schulden sind Investitionen in Dein Unternehmen, die später Einnahmen bringen. Ungesunde Schulden sind Ausgaben, die keinen Mehrwert schaffen.

Beispiele für gesunde Verschuldung
- Du nimmst einen Kredit auf, um neue Maschinen zu kaufen. Diese Maschinen erhöhen Deine Produktion und Deinen Umsatz.
- Du investierst in ein Marketingprogramm, das mehr Kunden anzieht und Deinen Gewinn steigert.
- Du leihst Dir Geld, um einen neuen Standort zu eröffnen, der Dein Geschäft erweitert.

Beispiele für ungesunde Verschuldung
- Du nimmst einen Kredit auf, um laufende Rechnungen zu bezahlen, ohne langfristigen Nutzen.
- Du kaufst teure Büroausstattung, die keinen Einfluss auf Dein Geschäftsergebnis hat.
- Du leihst Dir Geld, um Lücken zu füllen, ohne eine Strategie zur Verbesserung Deiner Einnahmen.

Gesunde Schulden bringen Dir langfristig mehr Geld ein. Ungesunde Schulden belasten nur Deine Finanzen.

Lass uns nun über Ausgaben reden. Kennst Du den Unterschied zwischen Ausgaben und Investitionen? Ausgaben sind Kosten, die sofort einen Nutzen bringen, aber keinen langfristigen Mehrwert schaffen. Investitionen bringen langfristige Vorteile (vgl. Kiyosaki, 2023).

Beispiele für Ausgaben
- Büromaterial
- Mietkosten
- Gehälter

Beispiele für Investitionen
- Fortbildung für Dich und Deine Mitarbeiter
- Neue Technologien, die Effizienz und Produktivität steigern
- Marketingmaßnahmen, die langfristig Kunden bringen

Investitionen tragen zum Wachstum deines Unternehmens bei. Sie sorgen dafür, dass Deine Eiche stark und widerstandsfähig bleibt. Ausgaben sind notwendig, aber sie sollten kontrolliert und sinnvoll eingesetzt werden.

Lass uns auch über Risiken sprechen. Erfolgreiche Menschen sind bereit, große Risiken einzugehen. Es handelt sich dabei jedoch um kontrollierte Risiken. Nur wer bereit ist, Risiken einzugehen, kann auch gewinnen. Das Leben selbst ist ein Risiko. Bereits zu leben ist riskant, da wir jederzeit sterben könnten. Risiken einzugehen ist selbstverständlich ein unvermeidbarer Teil des Lebens. Ohne die Bereitschaft, Risiken einzugehen, ist es schwerer, bedeutende Fortschritte zu erzielen oder große Erfolge zu feiern.

Die finanzielle Gesundheit deines Unternehmens ist wie die Vitalität einer Eiche. Sie sorgt dafür, dass Dein Unternehmen stark und unerschütterlich bleibt. Unterscheide zwischen gesunder und ungesunder Verschuldung. Investiere in langfristigen Mehrwert und kontrolliere Deine Ausgaben. Pflege Deine Finanzen sorgfältig und achte darauf, dass Dein Unternehmen gesund bleibt. So kann Deine Eiche gedeihen und wachsen. Und last but not least, investiere in Dich selbst. Du bist die wichtigste Investition in Deinem Geschäft. Investiere in Deine Mentalität, Dein Auftreten, Deine persönliche Entwicklung, Dein Fachwissen in dem Bereich, in dem Du tätig bist. Investiere auch in Deine finanzielle Bildung. Viele Menschen, die sich selbstständig machen, haben keine Ahnung, wie ein Business funktioniert. Sie mögen in ihren fachlichen Tätigkeiten sehr gut sein, aber sie verstehen nicht, wie ein Unternehmen betrieben wird. Lerne Marketing. Lerne, wie du verkaufst. Lerne den Umgang mit Social Media, Online-Marketing, moderner Technologie und Künstlicher Intelligenz. Lerne, wie man im Business erfolgreich wird. Lerne, welche Schritte notwendig sind, um von der Selbstständigkeit zum Unternehmertum zu gelangen. Lerne, wie Du Dein Unternehmen vergrößerst und neue Märkte erschließt. Lerne, wie Du Mitarbeiter führst. Lerne, was es bedeutet, ein erfolgreicher Unternehmer zu sein.

Investiere in Dich selbst – das ist die beste Investition für Dein Business, denn Dein Business bist Du.

3.13 Unternehmerische Eichenwurzel 13: Lebenssinn

Diese unternehmerische Eichenwurzel ist entscheidend, um Resilienz und langfristigen Erfolg im Unternehmertum und im Leben zu entwickeln. Diese Wurzel besteht aus zwei Teilen: Erkennen und Ausschöpfen deines eigenen Potenzials sowie Finden und Verfolgen deines Lebenssinns.

Teil 1: Erkennen und Ausschöpfen deines eigenen Potenzials

Du trägst in Dir einzigartige Talente, Fähigkeiten und Ressourcen, die nur darauf warten, entdeckt und genutzt zu werden. Stell Dir vor, Du bist wie ein Eichelsamen, der das Potenzial hat, zu einer mächtigen Eiche heranzuwachsen. Dieses Potenzial ist bereits in Dir angelegt, doch es bedarf der bewussten Entscheidung, es zu entfalten.

Die 24 Charakterstärken, die Peterson & Seligman (2004) als zentrale Elemente der Positiven Psychologie beschrieben haben, werden auch von Daniela Blickhan (2018) in ihrem Buch Positive Psychologie aufgegriffen, wo sie deren praktische Anwendung erläutert. Martin Seligman erklärt, dass jeder Mensch über sogenannte Signaturstärken verfügt. Diese Signaturstärken sind die herausragenden Fähigkeiten und Eigenschaften, die uns auszeichnen. Wenn wir sie bewusst einsetzen, können wir uns entwickeln und entfalten. Seligman glaubt, dass das Entdecken und Nutzen dieser Hauptstärken zu einem erfüllten und glücklichen Leben führt. Signaturstärken sind jene Stärken, die tief in uns verankert sind und die wir besonders gerne, leicht und häufig einsetzen. Sie sind eher das, was uns von anderen unterscheidet und uns in bestimmten Bereichen besonders erfolgreich macht. Wenn Du Deine Signaturstärken kennst, ist der nächste Schritt, sie bewusst in Deinem Alltag und Berufsleben einzusetzen. Indem Du Tätigkeiten auswählst, die Deinen Stärken entsprechen, wirst Du erfolgreicher sein wie auch Freude und Erfüllung erleben.

- **Beispiel:** Eine Kundin von mir entdeckte durch Selbstreflexion und Gespräche im Reflexionskreis meiner AK-demia, dass ihre Signaturstärke in der Empathie liegt. Sie entschied sich, diesen Bereich stärker zu nutzen und begann, als Mediatorin zu arbeiten. Dadurch kann sie ihre Fähigkeit, sich in andere hineinzuversetzen und

3 Die 14 unternehmerischen Eichenwurzeln

Konflikte zu lösen, optimal einsetzen. Sie erlebte dadurch sowohl beruflich als auch persönlich ein starkes Gefühl von Glückseligkeit durch Sinnhaftigkeit.

Seligman (2015) betont, dass das bewusste Einsetzen unserer Signaturstärken uns zum „Erblühen" bringt. Das bedeutet, dass wir unser volles Potenzial entfalten und ein Leben führen können, das von positiven Emotionen, Engagement, Beziehungen, Sinn und Schönheit geprägt ist. Wenn Du Deine Hauptstärken in Dein tägliches Leben integrierst, wirst Du erfolgreicher wie auch glücklicher und widerstandsfähiger gegenüber den Herausforderungen des Lebens. Indem Du Deine Signaturstärken erkennst und gezielt einsetzt, legst Du den Grundstein für ein blühendes, erfülltes und resilientes Leben.

Vor einigen Jahren habe ich die 24 Charakterstärken nach Peterson und Seligman erstmals mit Lachyoga verknüpft und darauf basierend das Kartenset *Lachyoga Helpies für innere Stärke* entwickelt, das Menschen durch Lachen und Positive Psychologie hilft, innere Stärke zu entfalten (vgl. Peterson & Seligman, 2004; Cassinelli Vulcano, 2020). Diese Erfahrung hat mich so begeistert, dass ich mich nun darauf konzentriere, diese Stärken auf den Bereich der Selbstständigkeit und des Unternehmertums anzuwenden. Um Deine Signaturstärken zu entdecken, kannst Du online den VIA-Test machen. Dieser Test wurde von Martin Seligman und Christopher Peterson entwickelt und hilft Dir, Deine wichtigsten Charakterstärken zu identifizieren.

Ich stelle hier eine Hypothese auf: Wenn Du beim Lesen der folgenden Liste in Resonanz gehst, ist das ein Hinweis dafür, dass eine oder mehrere dieser Stärken zu Deinen Signaturstärken gehören könnten. Achte darauf, welche Stärken Dich besonders ansprechen und bei welchen Du das Gefühl hast, dass sie tief in Dir verankert sind. Diese emotionale Resonanz kann ein starker Indikator dafür sein, dass Du diese Stärken besitzt. Setze sie bewusst in Deinem Leben ein, um zu erblühen und Dein volles Potenzial zu entfalten.

Die ursprünglichen 24 Charakterstärken sind in sechs übergeordnete Tugenden eingeteilt: Weisheit, Mut, Menschlichkeit, Gerechtigkeit, Mäßigung und Transzendenz (vgl. Peterson & Seligman, 2004). Diese Struktur habe ich nun genutzt, um die Stärken auf Unternehmertum und Selbstständigkeit zu übertragen. Hier ist meine angepasste Liste, die speziell auf die Stärken von Unternehmern abgestimmt ist.

> **Die 24 Charakterstärken**
>
> 1. **Weisheit und Wissen für Unternehmer:innen**
>   - **Kreativität:** Du entwickelst innovative Geschäftsmodelle, Produkte oder Lösungen. Deine unternehmerische Kreativität zeigt sich darin, neue Wege zu finden, Herausforderungen zu überwinden und Marktbedürfnisse zu erfüllen.
>   - **Neugier:** Du hast einen unstillbaren Wissensdurst und bist stets offen für neue Ideen, Trends und Technologien. Als erfolgreiche Unternehmer:in bist Du immer auf der Suche nach neuen Möglichkeiten, die Dein Geschäft voranbringen.
>   - **Urteilsvermögen:** Du triffst fundierte Entscheidungen, wägst Risiken ab und entwickelst strategische Pläne. Dein kritisches Denken hilft Dir, Chancen und Gefahren im Markt klar zu erkennen.
>   - **Liebe zum Lernen:** Du erwirbst ständig neue Fähigkeiten, sei es in Management, Marketing oder Technologie. Dieser Lernhunger treibt Dein Wachstum und Deine Innovationen voran.
>   - **Weitsicht:** Du hast die Gabe, über den Tellerrand zu schauen und langfristige Visionen für Dein Unternehmen zu entwickeln. Mit Weitsicht erkennst Du Trends und formulierst nachhaltige Geschäftsstrategien.

3 Die 14 unternehmerischen Eichenwurzeln

2. **Mut im Unternehmertum**
   - **Tapferkeit:** Du gehst Risiken ein, oft ohne die Garantie, dass es funktioniert. Dein Mut zeigt sich darin, auch in unsicheren Zeiten Deinen Weg weiterzugehen.
   - **Ausdauer:** Widerstände, Rückschläge und komplexe Zeiten gehören zu Deinem Unternehmertum. Ausdauer bedeutet für Dich, trotz aller Herausforderungen durchzuhalten und Deine Everest-Ziele langfristig zu verfolgen.
   - **Ehrlichkeit:** Du bist authentisch und integer. Ehrliche Kommunikation mit Kunden, Mitarbeitern und Partnern schafft Vertrauen und Glaubwürdigkeit.
   - **Lebensfreude:** Du begeisterst Dich für Deine Arbeit und empfindest Freude an der Selbstständigkeit. Diese Lebensfreude motiviert Dich, auch bei Rückschlägen weiterzumachen.
3. **Menschlichkeit in der Selbstständigkeit**
   - **Liebe:** Du baust enge, vertrauensvolle Beziehungen zu Deinen Mitarbeitern, Kunden und Partnern auf. Diese Beziehungen sind die Grundlage für Deine Zusammenarbeit und Deinen Erfolg.
   - **Freundlichkeit:** Du setzt Dich für das Wohl anderer ein, sei es für Deine Mitarbeiter, Kunden oder die Gemeinschaft. Deine Freundlichkeit schafft ein positives Geschäftsumfeld.
   - **Soziale Intelligenz:** Du verstehst komplexe soziale Dynamiken und nutzt sie im Umgang mit Mitarbeitern, Kunden und Investoren. Soziale Intelligenz hilft Dir, Konflikte zu vermeiden und produktive Beziehungen aufzubauen.
4. **Gerechtigkeit als Unternehmer:in**
   - **Teamarbeit:** Du weißt, dass Du ohne ein starkes Team nicht weit kommst. Teamgeist, Kooperation und die Fähigkeit, eine loyale und produktive Arbeitsumgebung zu schaffen, sind für Deinen Erfolg unerlässlich.
   - **Fairness:** Du handelst fair gegenüber Mitarbeitern, Kunden und Geschäftspartnern. Diese Fairness schafft Vertrauen und trägt langfristig zu einem stabilen Geschäftsumfeld bei.
   - **Führungsvermögen:** Du führst Dein Team effektiv und steigerst den Erfolg Deiner Organisation. Deine Fähigkeit, Menschen zu motivieren und zu koordinieren, hilft Dir, gemeinsame Ziele zu erreichen.

5. **Mäßigung und Selbstdisziplin**
   - **Vergebungsbereitschaft:** Du weißt, dass Fehler und Misserfolge unvermeidlich sind. Deine Fähigkeit, Dir selbst und anderen zu verzeihen, hilft Dir, aus Fehlern zu lernen und weiterzumachen.
   - **Bescheidenheit:** Du erkennst, dass trotz Deines Erfolgs immer Raum für Weiterentwicklung bleibt. Du bleibst trainierbar und offen für Neues, indem Du bereit bist, Empfehlungen und Wegweisungen anzunehmen.
   - **Vorsicht:** Du bist in der Lage, Risiken realistisch einzuschätzen und handelst nicht überstürzt. Umsichtige Entscheidungen sichern langfristig Deinen Erfolg.
   - **Selbstregulation:** Du besitzt die Fähigkeit, auch in herausfordernden Zeiten fokussiert zu bleiben. Du bewahrst Ruhe und Kontrolle über Deine Emotionen und reagierst besonnen, um die besten Entscheidungen für Dein Unternehmen zu treffen.
6. **Transzendenz im Unternehmertum**
   - **Sinn für das Schöne:** Du strebst Exzellenz an in allem, was Du tust, sei es in Deinen Produkten, Dienstleistungen oder in der Gestaltung von Kundenerlebnissen. Deine Liebe zur Qualität und Dein Auge für Details treiben Dich an, außergewöhnliche Ergebnisse zu schaffen.
   - **Dankbarkeit:** Du bist dankbar für Dich selbst, Deine Kunden, Mitarbeiter und Geschäftspartner. Du zeigst täglich Dankbarkeit für all die Chancen, die Dir ermöglicht werden, und pflegst eine Haltung des Dankens in Deinem Handeln.
   - **Hoffnung:** Mit einem optimistischen Geist und voller Hoffnung führst Du Dein Unternehmen. Du siehst in jeder Entscheidung das Potenzial für Erfolg und glaubst daran, dass Dein Geschäft in einem positiven Umfeld gedeihen wird.
   - **Spiritualität:** Du glaubst an höhere Werte oder einen tieferen Sinn hinter Deinem Unternehmertum. Diese Überzeugung gibt Dir Halt und Orientierung auf Deinem Weg.

> - **Humor:** Du kannst auch in komplexen Zeiten über Dich selbst und die Umstände lachen. Dein Humor erleichtert den Umgang mit Anspannung, Druck oder Belastung und trägt zu einem positiven Arbeitsumfeld bei.
> - **Lebenssinn:** Du siehst Deine Arbeit als Ausdruck Deiner Leidenschaft und Deines Lebenssinns. Diese Überzeugung macht Dich widerstandsfähig und motiviert Dich, Deine Vision zu verwirklichen.

Diese Stärken und Tugenden dienen Dir als Kompass, um als Unternehmer:in Deinen Weg erfolgreich zu beschreiten.

- **Beispiel:** Meine kreative Signaturstärke äußert sich darin, dass ich Methoden miteinander verbinde, um neue, ganzheitliche Ansätze zu entwickeln. So habe ich das körperorientierte Glücks- und Resilienztraining ins Leben gerufen, das verschiedene Ansätze wie Positive Psychologie, Resilienztraining, Transaktionsanalyse, Themenzentrierte Interaktion (TZI), Psychodrama, Gestalttherapie, Systemische Beratung, Embodiment und Hatha Yoga vereint. Diese kreative Mischung schafft etwas Einzigartiges, das die einzelnen Komponenten übertrifft. Diese Stärke half mir auch beim Schreiben dieses Buches, indem ich Metaphern und unkonventionelle Ansätze nutzte, um komplexe Themen verständlich zu machen.

Entdecke auch Du Deine Signaturstärken, um Dich als Unternehmer:in zu entwickeln und Deinen eigenen Weg zu gehen. Angenommen, Deine Signaturstärke ist auch Kreativität. Du kannst diese Stärke nutzen, um neue und einzigartige Geschäftsideen zu entwickeln oder kreative Marketingstrategien zu entwerfen, die Dein Unternehmen zum Erfolg führen. Oder vielleicht ist Deine Stärke Soziale Intelligenz. Dann nutze Deine Fähigkeiten, um starke Beziehungen zu Deinen Kunden und Partnern aufzubauen und ein unterstützendes, harmonisches Arbeitsumfeld zu schaffen.

Weil Du Deine Hauptstärken erkennst und aktiv einsetzt, schaffst Du eine solide Basis für langfristigen Erfolg und Erfüllung in Deiner unternehmerischen Reise. Deine Resilienz wird gestärkt, weil Du auf Deine natürlichen Fähigkeiten zurückgreifst. Deine Signaturstärke führt Dich zu einem besseren Geschäftsresultat und zu einem glücklicheren und erfüllteren Leben.

Teil 2: Mit Sinn Leben
Vielleicht hast Du Dir diese Frage schon einmal gestellt: „Wofür bin ich eigentlich hier auf dieser Welt?" In der Resilienzforschung gilt Sinn als einer der zentralen Schutzfaktoren: Er schafft Tiefe, Orientierung und emotionale Stabilität (vgl. Antonovsky, 1997). Unternehmer:innen, die um ihren Lebenssinn wissen, führen anders. Sie handeln nicht nur aus Strategie, sondern aus innerer Überzeugung – und genau das macht sie resilient, klar und glaubwürdig.

Für Viktor E. Frankl ist der Lebenssinn eine existenzielle Kraft, die dem Menschen Orientierung gibt – gerade auch in komplexen Lebenslagen. Sinn entsteht, wenn wir in unserem Leben eine Aufgabe erkennen, für jemanden da sind oder Leid in etwas Bedeutungsvolles verwandeln. Sinn ist nicht das Ziel, sondern das tragende, „Warum" unseres Daseins. Frankl war ein österreichischer Neurologe, Psychiater und Holocaust-Überlebender. Während seiner Gefangenschaft in mehreren Konzentrationslagern, darunter Auschwitz, beobachtete er: Menschen, die einen inneren Sinn fanden – etwa durch Liebe, Hoffnung oder Verantwortung – überlebten psychisch und körperlich eher als jene, die innerlich aufgaben. Frankl geht davon aus, dass der Wille zum Sinn – nicht etwa das Streben nach Lust oder

3 Die 14 unternehmerischen Eichenwurzeln

Macht – die stärkste Antriebskraft im Menschen ist. Viktor Frankl erkannte im Konzentrationslager, dass Sinn eine Kraft ist, die selbst das Unerträgliche überleben lässt. Er behauptete, wer ein Warum im Leben hat, erträgt so gut wie jedes Wie (vgl. Frankl, 2006).

Auch im Business gilt: Wer weiß, wofür er aufsteht, findet immer einen Weg. Frankls zentrale Botschaft: Der Mensch ist frei, seinem Leben unter allen Umständen einen Sinn zu geben. Diese Freiheit, selbst im Leiden eine innere Haltung zu wählen, ist aus seiner Sicht der Kern seelischer Widerstandskraft – und damit eine der stärksten Wurzeln von Resilienz.

Im japanischen Konzept Ikigai liegt der Fokus wiederum auf dem gelebten Lebenssinn im Alltag. Ikigai ist das, was uns Freude macht, was wir gut können, was gebraucht wird – und womit wir unseren Lebensunterhalt verdienen können. In der Selbstständigkeit erleben wir auch Unsicherheit, Überforderung und Phasen des Zweifelns. Gerade in diesen Momenten brauchen wir etwas, das uns trägt – nicht nur von außen, sondern von innen. Das japanische Konzept Ikigai bietet dafür auch einen kraftvollen Zugang: Es zeigt, wie gelebter Lebenssinn im Alltag entsteht – durch das, was wir lieben, gut können, womit wir anderen dienen und wovon wir leben können. Wer sein Ikigai kennt, baut sein Business aus innerer Freude und Klarheit auf. Das macht langfristig resilient (vgl. García & Miralles, 2017).

Dein Lebenssinn – Dein innerer Nordstern, eine weitere Perspektive auf die Bedeutung von Lebenssinn
Für mich ist der Lebenssinn wie ein Licht am Horizont. Etwas, das Dich ruft. Etwas, das über Deine persönliche Geschichte hinausgeht. Er ist die übergeordnete Richtung in Deinem Leben – das „Wofür" hinter allem. Was willst Du bewirken? Was möchtest Du hinterlassen? Wofür brennst Du tief im Herzen?

Die Lebensabsicht hingegen ist Dein heutiges Warum. Sie begleitet Dich im Hier und Jetzt, in Deinem Alltag, in Deinen Entscheidungen. Sie fragt: „Wie will ich heute leben?" Vielleicht ist Deine Absicht heute: aufmerksam zuzuhören. Oder: mutig einen neuen Schritt wagen. Oder: in Leichtigkeit den Tag gestalten. Sie ist beweglich, sie darf sich wandeln – und doch ist sie wie ein kleiner Samen als Teil Deines größeren Lebenssinns. Wenn Du ganz mit Dir verbunden bist – mit Deinem Wesen, Deinen Werten, Deiner Vision –, dann kann es sein, dass Deine heutige Lebensabsicht ein direkter Ausdruck Deines Lebenssinns ist. Dann gehst Du Schritt für Schritt in Richtung Deines Nordsterns. Und manchmal, in besonders klaren Momenten, bist Du bereits da, während Du gehst.

Deine Lebensabsicht beschreibt, warum Du im Moment handelst und was Dich im täglichen Leben antreibt. Sie richtet sich auf das „Warum" hinter Deinem Tun im Hier und Jetzt. Dein **Lebenssinn** hingegen ist das größere, langfristige Ziel, das Du im Leben verfolgst. Er gibt Dir eine übergeordnete Richtung und zeigt, was Du im Laufe Deines Lebens erreichen oder bewirken möchtest. Der Unterschied ist also: Die Lebensabsicht konzentriert sich auf Deine tägliche Motivation, während der Lebenssinn das größere, übergeordnete Ziel Deines Lebens ist.

Ich möchte anmerken: wenn Du das Gefühl hast, dass Du Motivation brauchst, um etwas zu tun, dann bist Du wahrscheinlich noch nicht vollständig in Kontakt mit Deinem Lebenssinn. Motivation ist etwas, das Menschen benötigen, die noch nach dieser inneren Kraft suchen. Wenn Du jedoch wirklich mit Deinem Lebenssinn verbunden bist, dann brauchst Du keine zusätzliche Motivation. Diese innere Klarheit gibt Dir die Energie, jeden Tag mit Freude und Entschlossenheit aufzustehen. Du weißt genau, wofür Du lebst und was Du tun möchtest – das gibt Dir die Kraft,

3 Die 14 unternehmerischen Eichenwurzeln

ohne nach äußerer Motivation zu suchen. Wenn Du im Einklang mit Deinem Lebenssinn bist, wird Dein Tun zu einer natürlichen, freudigen Handlung, nicht zu etwas, das Du erst durch Motivation anstoßen musst. Es mag auch so wirken, als müsstest Du Deinen Lebenssinn aktiv finden und verfolgen. Es ist aber eher wie bei einem Schmetterling: Je mehr Du ihm nachjagst, desto weiter fliegt er davon. Wenn Du jedoch still in Dir wirst, ruhig und gelassen, dann setzt sich der Schmetterling ganz von selbst auf Deine Schulter. Genauso verhält es sich mit Deinem Lebenssinn. Wenn Du innerlich klar bist, in Frieden mit Dir selbst, dann offenbart sich Dein Lebenssinn von allein. Es gibt nichts zu suchen, nichts zu jagen – alles, was Du brauchst, kommt zu Dir, wenn Du einfach in Dir ruhst und offen bist. Dein Lebenssinn ist das, was Dir tiefste Erfüllung bringt. Es ist der Grund, warum Du morgens aufstehst, die Leidenschaft, die Dich antreibt. Dein Lebenssinn zu finden bedeutet, in Dich hineinzuhören und herauszufinden, was Dich wirklich glücklich macht und wofür Du brennst. Wenn Du diesen Sinn entdeckt hast, ist es wichtig, ihn mit Deinen besonderen Talenten und Fähigkeiten zu verbinden und aktiv zu verkörpern und zu leben.

Aaron Antonovsky war ein israelisch-amerikanischer Soziologe, der das Konzept der Salutogenese entwickelte, das sich mit der Frage beschäftigte, was Menschen gesund hält, anstatt sich nur auf die Ursachen von Krankheit zu konzentrieren. Besonders relevant für uns Selbstständige und Unternehmer:innen ist dabei das Konzept der Bedeutsamkeit. Wenn Du in Deinem täglichen Tun einen Sinn erkennst, kannst Du besser mit „Stress" umgehen und behältst auch in „schwierigen Zeiten" eine starke innere Stabilität. Ein starkes Kohärenzgefühl hilft Dir, die Herausforderungen des Unternehmertums resilient zu meistern. Antonovsky stellt das Kohärenzgefühl (Sense of Coherence,

SOC) in den Mittelpunkt. Dieses Gefühl setzt sich aus drei zentralen Elementen zusammen: Nachvollziehbarkeit, Handhabbarkeit und Bedeutsamkeit (vgl. Antonovsky, 1997).

- Nachvollziehbarkeit bedeutet, dass Du die Ereignisse in Deinem Leben als geordnet und nachvollziehbar wahrnimmst.
- Handhabbarkeit bezieht sich auf das Vertrauen, dass Du die nötigen Ressourcen hast, um Herausforderungen zu bewältigen.
- Bedeutsamkeit ist das Gefühl, dass Dein Tun einen Sinn hat, dass es Dir wichtig ist und Du bereit bist, Zeit und Energie zu investieren.

Ich wurde in Uruguay geboren und bin dort aufgewachsen. Schon als Kind und Jugendliche hielt ich ein Buch des indisch-amerikanischen Arztes Deepak Chopra in den Händen. In diesem Buch ging es darum, dass der Lebenszweck (life purpose) uns zum Erfolg bringt. Chopra betont, dass jeder Mensch einen einzigartigen Lebenszweck (dharma) hat, der eng mit unseren individuellen Talenten und Leidenschaften verknüpft ist. Wenn wir diesen Lebenszweck entdecken und ihm folgen, können wir wahre Erfüllung und nachhaltigen Erfolg erreichen (vgl. Chopra, 2007). Chopra argumentiert ähnlich wie der amerikanische Psychologe Martin Seligman, dass jeder Mensch mit einzigartigen Talenten und Fähigkeiten ausgestattet ist. Indem Du diese Talente identifizierst und in Deinem beruflichen und unternehmerischen Alltag einsetzt, kannst Du Deinen Lebenszweck erfüllen. Unternehmer:innen, die ihre Stärken und Leidenschaften in ihr Unternehmen einbringen, erreichen wirtschaftlichen Erfolg und tiefe persönliche Erfüllung. Chopra geht sogar noch weiter und betont, dass Dein Lebenszweck nicht nur Selbstverwirklichung bedeutet, sondern auch Anderen zu dienen. Wenn Du Deine Talente nutzt, um das Leben anderer zu bereichern – sei es durch Produkte, Dienstleistungen oder innovative Ideen – erfährst Du tiefe Erfüllung und Erfolg. Die Verfolgung des Lebenszwecks wird normalerweise von Leidenschaft und Freude begleitet. Wenn Du das tust, was Du liebst, und Deine Talente in Deinem Unternehmen einsetzt, schaffst Du Mehrwert für Dich und auch für Andere. Erkenne also Deine Stärken und Leidenschaften. Diese bilden die Grundlage für Dein Unternehmen und führen Dich zu nachhaltigem Erfolg.

Beispiele
Lösungen für technische Probleme – IT-Beratung:

- Der IT-Berater, der technische Lösungen für Unternehmen entwickelt, profitiert von einem starken Kohärenzgefühl im Sinne von Aaron Antonovsky. Durch Verstehbarkeit (er versteht die Komplexität der technischen Probleme), Handhabbarkeit (er hat die Ressourcen und Fähigkeiten, diese zu lösen) und Bedeutsamkeit (er sieht den Sinn darin, Unternehmen bei der Optimierung ihrer IT-Systeme zu unterstützen), ist er in der Lage, komplexe Situationen zu meistern und auch in komplexen Zeiten gesund und produktiv zu bleiben.

Musisches Talent – Gründung eines Musiklabels:

- Diese Unternehmerin nutzt ihre Signaturstärken der Kreativität und Führungsfähigkeit, um ein Musiklabel zu gründen, das unabhängige Künstler fördert. Nach Martin Seligman führen Menschen, die ihre Stärken kennen und einsetzen, ein erfülltes Leben und sind auch widerstandsfähiger gegenüber Rückschlägen. Indem sie ihre Leidenschaft für Musik und ihr Talent für Management verbindet, schafft sie ein Unternehmen, das sowohl ihre Stärken reflektiert als auch anderen Menschen dient – was nach Seligman zu einem erfolgreicheren und glücklicheren Leben führt.

Eco-freundliches Modelabel – Modedesign mit Umweltbewusstsein:

- Die Designerin, die ein klimafreundliches Modelabel gründet, verbindet ihren Lebenszweck (Chopra) mit ihrer Fähigkeit, innovative, umweltfreundliche Mode zu schaffen. Ihre Leidenschaft für Nachhaltigkeit und Ethik treibt sie an, ihr Unternehmen zu führen, das einen positiven Einfluss auf die Welt hat. Zudem setzt sie ihre Signaturstärken der Kreativität und Integrität (Seligman) ein, um ein Modelabel zu schaffen, das für fairen Handel und Umweltschutz steht. So erfährt sie beruflichen Erfolg, aber auch tiefere Erfüllung durch ihre Arbeit.

Diese Beispiele zeigen, wie das Verständnis von Stärken (Seligman), der Lebenszweck (Chopra) und das Kohärenzgefühl (Antonovsky) uns Unternehmer:innen und Selbstständigen helfen, unsere Arbeit sinnvoll und erfolgreich zu gestalten.

Setze also Deine Talente ein, um Anderen zu dienen und einen positiven Beitrag zu leisten. Verfolge Deine Unternehmungen mit Leidenschaft, sei „on fire" und begeistert. Wenn Du mit Freude und Begeisterung bei der Sache bist, wirst Du kreativer und produktiver sein. Du wirst eine ansteckende Energie ausstrahlen, die Dein Team und Deine Kunden inspiriert.

Das Wort „verdienen" kommt von „dienen", schon mal gehört? Dies bedeutet, dass echter und dauerhafter Erfolg durch den Dienst an Anderen entsteht. Wenn Du Deine Talente und Fähigkeiten nutzt, um anderen zu helfen und einen Mehrwert zu schaffen, wirst Du Anerkennung und Erfolg ernten und finanzielle Belohnung erfahren. Das Prinzip dahinter ist einfach: Je mehr Du Dich auf das Dienen konzentrierst, desto mehr wirst Du verdienen – sei es in Form von Sinnhaftigkeit, Erfolg und/oder finanziellem Gewinn.

Einerseits sind Deine Fähigkeiten und Talente bereits in Dir angelegt. Der Same ist gesät und es geht darum, diesen zum Wachsen zu bringen und Dein volles Potenzial zu entfalten. Andererseits musst Du Dich von alten Denk- und Verhaltensmustern lösen, um die Person zu werden, die Du wirklich bist, anstatt die Person zu sein, die Du glaubst zu sein oder die Du glaubst, sein zu müssen, um Erfolg im Leben zu haben. Es ist komplex. In diesem Spannungsfeld liegt der Schlüssel zum Erfolg: Wenn Du aufhörst, die Person zu sein, die Du zu sein glaubst und stattdessen zu der Person wirst, die Du wirklich bist, wirst Du wahre Erfüllung und Erfolg finden.

3.14 Unternehmerische Eichenwurzel 14: Einheit durch Verbundenheit

Wusstest Du, dass Bäume unter der Erde durch ihre Wurzeln miteinander verbunden sind? Sie tauschen Nährstoffe und Informationen aus. Was an einem Ende des Waldes passiert, spürt ein Baum am anderen Ende. Faszinierend, oder? Peter Wohlleben, ein deutscher Förster, erklärt das in seinem Buch „Das geheime Leben der Bäume". Er zeigt, wie Bäume miteinander kommunizieren und sich gegenseitig unterstützen. Sie sind Teil eines riesigen Netzwerks, keine isolierten Einzelwesen.

Und das gilt ebenso für uns Selbstständige und Unternehmer. Wir sind auch Teil eines Netzwerks. Dein Team, Deine Geschäftspartner, Deine Kunden, wir alle sind miteinander verbunden. Ob wir es wollen oder nicht. Genauso sind wir mit der ganzen Welt verbunden. Weltgeschehen, Naturereignisse und menschliche Entscheidungen beeinflussen uns täglich, eher unbemerkt. Selbst scheinbar ferne Ereignisse sind Teil dieses unsichtbaren Geflechts, das uns miteinander verbindet. Wir alle, ob Mensch, Tier oder Pflanze, sind Teil dieses Netzwerks. Gerade als Unternehmer:innen tragen wir Verantwortung für die Auswirkungen unseres Handelns und können durch bewusste Entscheidungen diese weltweite Verbundenheit positiv gestalten. Hast Du schon mal überlegt, wie Deine Entscheidungen als Unternehmer:in die Welt beeinflussen? Dein Handeln kann positive Veränderungen bewirken. Du kannst Entscheidungen treffen und Dein Unternehmertum nutzen, um Gutes zu tun.

Kennst Du die Gaia-Theorie? Die besagt, dass die Erde wie ein riesiger lebender Organismus ist. Alles auf der Erde arbeitet zusammen, um die Bedingungen für das Leben zu erhalten (vgl. Lovelock, 1987). Dann gibt es noch die Quantenverschränkung. Das ist ein richtig verrücktes Phänomen in der Quantenmechanik, bei dem zwei oder mehr Teilchen miteinander in einer besonderen Weise verbunden sind, sodass der Zustand des einen Teilchens direkt und sofort den Zustand des anderen beeinflusst, unabhängig von der Entfernung zwischen ihnen (vgl. Zeilinger, 2005). Diese Verbindung ist so stark, dass Messungen an einem Teilchen sofort Rückschlüsse auf das andere erlauben, selbst wenn die Teilchen Lichtjahre voneinander entfernt sind. Das bedeutet, dass das Verhalten eines Teilchens nicht unabhängig vom anderen beschrieben werden kann, selbst wenn sie räumlich getrennt sind. Dieses Phänomen widerspricht den klassischen Vorstellungen von Physik, bei denen Wechselwirkungen nur durch direkten Kontakt oder über Entfernungen mit einer bestimmten Verzögerung möglich sind.

Die Gaia-Theorie und die Quantenverschränkung mögen bestätigen, wie möglicherweise alles im Universum miteinander verbunden ist. Die Gaia-Theorie zeigt, wie das Leben auf der Erde ein riesiges, selbstregulierendes System bildet. Die Quantenverschränkung zeigt, dass selbst auf kleinster Ebene alles vernetzt ist. Das hilft uns zu verstehen, dass unser unternehmerisches Handeln weitreichende Auswirkungen hat und dass wir in einem riesigen Netzwerk leben, in dem alles zusammenhängt. Trage zum Wohl der gesamten Weltgemeinschaft bei. Fördere die Menschlichkeit in der Welt. Wähle bewusst, wo Du Dein Geld als Unternehmer investierst und einsetzt. Achte darauf, welche Produkte Du auswählst und welche Dienstleistungen Du in Anspruch nimmst. Sei Dir der Einheit und Verbundenheit bewusst, die alles durchdringt. Auch kleine Handlungen haben Auswirkungen. Handle bewusst und setze Dich für Menschlichkeit und eine bessere Weltgemeinschaft ein. Das verleiht Deinem Leben Sinnhaftigkeit und stärkt Deine Resilienz.

4

Die Eiche als Quelle des Lebens und der Gemeinschaft

Deine erfolgreiche Unternehmung gleicht einer mächtigen Eiche, die tief in der Erde verwurzelt ist und dennoch den Himmel berührt. Wie die Eiche, die Schutz und Nahrung für zahlreiche Lebewesen bietet, schaffst Du Arbeitsplätze, unterstützt Familien und trägst zur Gemeinschaft bei. In Deinem Erfolg verwirklichst Du Deine eigenen Träume und bietest vielen anderen einen wundervollen Ort, an dem sie wachsen und gedeihen können. Deine Wurzeln sind tief und stark, Deine Äste sind weit verzweigt und tragen Früchte, die das Leben vieler bereichern.

Ich biete Ausbildungen mit unterschiedlichen Schwerpunkten im Bereich Resilienz an. Diese finden überwiegend online statt: Über sechs Monate hinweg trainieren die Teilnehmerinnen und Teilnehmer online, und das Abschlusswochenende verbringen wir gemeinsam auf Mallorca. Bei einem dieser Abschlusswochenenden entdeckte ein Teilnehmer einen besonderen Baum. Es war keine Eiche, aber ein wunderschöner Baum, der in eine alte Mauer eingebettet war. Der Baum schien fest in das Mauerwerk eingewachsen zu sein und hatte wenig Raum, sich auszubreiten. Doch trotz dieser Begrenzungen war er prächtig und kraftvoll gewachsen. Seine Äste breiteten sich aus, er blühte und spendete uns auf dem Weg zum Meer Schatten. Seit diesem Tag nennen wir ihn den Michaelsbaum, nach dem Teilnehmer Michael, der ihn entdeckt hatte. Der Baum steht symbolisch für Resilienz. Er hätte sich in seiner komplexen Situation als Opfer sehen können – eingemauert, begrenzt, während andere Bäume frei auf weiten Feldern stehen. Doch stattdessen hat er sich dem Licht zugewandt, nach oben gestrebt und sich stärker und mächtiger entwickelt als viele der Bäume, die ungehindert wachsen konnten. Heute bietet der Michaelsbaum Schutz für all jene, die auf den schmalen Wegen zum Meer unterwegs sind – ein Symbol für die Kraft, die in jedem von uns steckt, selbst in herausfordernden Umständen zu erblühen und anderen Halt zu geben. Wenn Du als Unternehmer:in erfolgreich bist, gleichst Du dem Michaelsbaum, der jede Begrenzung und Enge meistert und über die Jahre hinweg wächst und gedeiht. Deine Stärke gibt anderen Halt, Deine Beständigkeit schafft Vertrauen. Bäume spenden Schatten an heißen Tagen, bieten Unterschlupf für Tiere und sind ein unverzichtbarer Teil des ökologischen Kreislaufs. So wie Bäume das Leben um sich herum bereichern, kannst auch Du das Leben bereichern – indem Du Arbeitsplätze schaffst, Verbundenheit förderst und den wirtschaftlichen Boden nährst, auf dem die Zukunft gedeiht. Eine Eiche wächst langsam aber unterschätze sie nicht, sie wird zum unerschütterlichen Wächter des Waldes – ein Symbol für Stärke, Langlebigkeit und Nachhaltigkeit. Die Eiche schafft den Lebensraum für unzählige Tiere, sie stabilisiert den Boden und reinigt die Luft. Eine Eiche bereichert die Welt. Deine berufliche Tätigkeit bereichert die Welt auch, wenn

Du diese Intention hast. Du pflanzt die Samen für eine harmonische Zukunft, bietest einen sicheren Hafen für andere und hilfst, die Welt ein Stück schöner, heller und besser zu machen. Sei stark, sensibel und intuitiv wie eine Eiche und lass Dein Wirken weit über Deine eigenen Grenzen hinauswachsen.

Doch was genau bedeutet es, wie eine Eiche im Business zu sein?
Die Eiche ist ein vollständiges Ökosystem, das unzählige Lebewesen beheimatet und unterstützt. Genauso schafft Dein Unternehmen ein Netzwerk von Beziehungen und Möglichkeiten. In den starken Ästen und dem dichten Laubdach der Eiche finden verschiedene Tiere Schutz und Nahrung, so wie Deine Mitarbeiter unter Deinem Dach gedeihen und ihre Potenziale entfalten. Jeder Mitarbeiter bringt seine individuellen Fähigkeiten ein, so wie jedes Tier im Ökosystem der Eiche seinen Platz hat. Gemeinsam bildet Ihr ein starkes Team, das Herausforderungen meistert und Erfolge feiert. Glückliche und ausgeglichene Mitarbeiter sind in der Regel seltener krank und leisten bessere Arbeit (vgl. Haas, 2010). Sie pflegen eher harmonische Beziehungen zu Kunden, Kollegen und Vorgesetzten. Das Wohlbefinden Deiner Mitarbeiter hat somit einen positiven Einfluss auf den Erfolg Deines Unternehmens.

Deine Geschäftspartner sind wie die symbiotischen Pilze, die in den Wurzeln der Eiche leben und eine gegenseitige Bereicherung ermöglichen. In der Natur gehen Eichen und bestimmte Pilze eine tief verwurzelte Partnerschaft ein. Diese Symbiose bietet ein wunderschönes Bild für die Beziehungen, die Du in Deinem Unternehmen mit Geschäftspartnern pflegst. Die Pilze umhüllen die Wurzeln der Eiche und erweitern deren Reichweite tief in den Boden hinein. Dadurch können sie wertvolle Nährstoffe und Wasser aufnehmen, die der Eiche allein nicht zugänglich wären. Im Gegenzug versorgt die Eiche die Pilze mit Zucker und anderen Nährstoffen, die sie durch Photosynthese gewonnen hat – ein Austausch von lebenswichtigen Ressourcen, der beiden Seiten nutzt (vgl. Lowenfels, 2017).

Übertragen auf das Geschäftsleben bedeutet das: Deine Geschäftspartner bereichern Dein Unternehmen, indem sie Dir Zugang zu neuen Ressourcen, Märkten oder Netzwerken verschaffen. Sie bringen Expertise, Ideen und Unterstützung ein, die es Dir ermöglichen, weiter zu wachsen und Herausforderungen zu meistern. Im Gegenzug bietest Du ihnen Stabilität und wertvolle Synergien – sei es in Form von finanziellen Mitteln, Projekten oder strategischen Partnerschaften, die auch sie stärken und voranbringen. So wie die Pilze und die Eiche einander brauchen, um zu gedeihen, ist auch die Beziehung zwischen Dir und Deinen Geschäftspartnern eine wechselseitige Bereicherung. Durch Zusammenarbeit und gegenseitige Unterstützung entsteht ein starkes Netzwerk, das Deinem Unternehmen und Deinen Partnern Wachstum und Stabilität bringt. Diese Beziehungen festigen den „Boden", auf dem Ihr gemeinsam steht und fördern euren langfristigen Erfolg.

Deine Kunden wiederum profitieren von den „Früchten" Deiner Arbeit. Wie die Eicheln der Eiche zahlreiche Tiere nähren, bieten die Produkte oder Dienstleistungen, die Du entwickelst, Deinen Kunden echten Mehrwert. Du trägst dazu bei, ihre Bedürfnisse zu erfüllen, ihre Probleme zu lösen und ihr Leben zu verbessern. So wie die Eiche den Boden und die Luft um sich herum bereichert, trägt auch Du dazu bei, das Leben Deiner Kunden positiv zu gestalten.

Auch die Projekte, die Du umsetzt, sind Teil dieses umfassenden Ökosystems. Jedes Projekt ist ein neuer Ast, der aus Deinem Unternehmen wächst, neue Möglichkeiten erschließt und langfristig zur Stärke und Vielfalt Deines Unternehmens beiträgt. Wenn diese Projekte darauf abzielen, die Welt ein Stück besser zu machen, trägst Du aktiv zum „Wachstum" der Gesellschaft bei. So wie die Eiche durch ihre Wurzeln den Boden stabilisiert und durch ihre Blätter die Luft reinigt, stabilisieren und bereichern Deine Projekte das wirtschaftliche und soziale Umfeld.

Wenn Du also als Unternehmer:in erfolgreich bist, bist Du wie diese Eiche: Du erschaffst ein Umfeld, in dem andere wachsen und gedeihen können – Mitarbeiter, Kunden, Geschäftspartner und die Gesellschaft als Ganzes. Du stabilisierst den Boden, auf dem Du stehst, und trägst zur Reinheit der Luft bei, die alle um Dich herum atmen. Dein Erfolg nährt Dich selbst und die Gemeinschaft und schafft langfristigen Wohlstand. In Deinem Unternehmen spiegelt sich die Stärke und Beständigkeit der Eiche wider. Eine Stärke, die durch die Fähigkeit entsteht, auch in stürmischen Zeiten fest verwurzelt zu bleiben und weiter zu wachsen.

Dein Unternehmertum beeinflusst nicht nur die unmittelbaren Akteure in Deinem Umfeld. Wie die Eiche, deren Äste den Himmel berühren und deren Wurzeln tief in die Erde reichen, hat Dein Wirken Auswirkungen, die weit über das Sichtbare hinausgehen. Wenn Du Projekte ins Leben rufst, die Herausforderungen und Probleme lösen, schaffst Du einen neuen wirtschaftlichen Wert und trägst auch zur Lösung gesellschaftlicher Herausforderungen bei. So wie die Eiche den Wasserhaushalt beeinflusst und die Luftqualität verbessert, beeinflussen Deine Entscheidungen und Handlungen die Märkte, in denen Du tätig bist und die Gemeinschaften, die von Deinem Erfolg profitieren.

Als Unternehmer bist Du auch ein Vorbild für andere. Deine Haltung, Deine Werte und Deine Geschäftspraktiken setzen Standards, die andere inspirieren und motivieren, ebenfalls einen positiven Beitrag zu leisten. So wie die Eiche für Generationen von Lebewesen ein Symbol der Beständigkeit und Stärke ist, kannst auch Du durch Dein Vorbild die nächste Generation von Unternehmern und Selbstständigen inspirieren. Deine Unternehmung wird zum Leitstern für diejenigen werden, die nach Orientierung und Sinnhaftigkeit in ihrem eigenen wirtschaftlichen Handeln suchen.

Und schließlich, so wie die Eiche durch das Abwerfen ihrer Blätter jedes Jahr neuen Humus bildet und damit den Boden für zukünftiges Wachstum bereitet, so trägst auch Du durch kluge Investitionen und nachhaltige Geschäftsstrategien dazu bei, dass Dein Unternehmen langfristig erfolgreich bleibt und Raum für zukünftige Entwicklungen schafft. Jeder Erfolg, den Du erzielst, ist ein Samen, der das Potenzial hat, zu einem neuen, starken Baum heranzuwachsen, der wiederum anderen Lebewesen Schutz und Nahrung bietet.

In dieser Weise wirst Du zu einem unersetzlichen Teil eines größeren Ganzen. Dein Unternehmen wird zu einer Eiche im Wald der Wirtschaft – stark, stabil und lebensspendend. Mit jedem Schritt, den Du auf Deinem Weg gehst, schaffst Du wirtschaftlichen Erfolg und eine tiefere, nachhaltigere Verbindung zur Welt um Dich herum. Du hinterlässt Spuren, die weit über Dich hinausgehen und die Zukunft für viele Andere gestalten werden.

Sei also wie die Eiche: Wurzle tief, wachse stark, und trage dazu bei, die Welt zu bereichern und zu schützen. Denn in Deinem Erfolg liegt die Kraft, nicht nur Dein eigenes Leben, sondern auch das Leben vieler anderer zu verändern und zu verbessern.

5

Mein Geschenk an Dich – die Einladung

Da wären wir – am Ende des Buches. Aber Du weißt so gut wie ich: Das ist eigentlich nur der Anfang. Bücher inspirieren, klar. Aber wer wirklich etwas bewegen will, muss ins Tun kommen. Training macht den/die Meister:in und das Umsetzen macht den Unterschied. Resilienz entwickelt sich nicht über Nacht, sondern durch ständiges Üben und Netzwerken. Zum Abschluss dieses Buches schenke ich Dir die Möglichkeit, genau das weiter zu tun. Scanne den QR-Code und erhalte ein kostenloses Resilienz-Training, das Dich die 23 Stolpersteine überwinden lässt und Deine unternehmerischen Resilienzwurzeln festigt. In unserer Community üben wir immer wieder, tauschen uns aus und geben uns gegenseitig Kraft. Denn die Stärke liegt in der Wiederholung und im Miteinander.

Bist Du schon „on fire"? Möchtest Du gleich loslegen? Dann schnapp Dir Dein Handy und scanne den QR-Code.

Die Einladung
„*Die Einladung*" ist ein kraftvoller Text der Autorin Oriah Mountain Dreamer (vgl. Mountain Dreamer, 2000). Es ist kein Gedicht und keine Geschichte im klassischen Sinne. Es ist eine tiefgründige Ermutigung, unser authentisches Selbst zu leben und uns nicht von äußeren Umständen oder Erwartungen definieren zu lassen. Dieser Text begleitet mich seit mindestens 20 Jahren und in „komplexen Zeiten" habe ich immer wieder Mut und Klarheit darin gefunden. Obwohl „*Die Einladung*" ursprünglich nicht im Kontext des Unternehmertums geschrieben wurde, hat sie mich so oft inspiriert, dass ich mich dazu entschlossen habe, eine eigene Einladung für Dich, als Unternehmer:in oder Selbstständigen zu verfassen. Eine Einladung, die Dich daran erinnert, dass nicht die äußeren Umstände Deinen Weg bestimmen, sondern Deine innere Stärke und Deine Entschlossenheit, Deine Visionen in die Welt zu bringen.

Hier ist meine Einladung für Dich. Lass sie auf Dich wirken. Wenn Du am Ende ein starkes *Ja* in Dir spürst, dann weißt Du, dass Du bereit bist, Dein Leben und Deine unternehmerische Reise mit neuer Kraft anzugehen. Go!

Die Einladung für Dich als Unternehmer:in
Es interessiert mich nicht, wie groß Dein Umsatz ist oder wie Du genau Dein Geld verdienst. Ich will wissen, was Dein Herz antreibt, welche Visionen Dich nachts wachhalten, und

5 Mein Geschenk an Dich – die Einladung

ob Du den Mut hast, von den Dingen zu träumen, die größer sind als Du selbst. Ich will wissen, ob Du bereit bist, mit den Stolpersteinen, die Dir auf Deinem Weg begegnen, Feuer zu machen, ob Du bereit bist, an Deinen Rückschlägen zu wachsen und Deine Träume in die Welt zu tragen, egal wie oft Du fällst. Es interessiert mich nicht, wie viele Jahre Du bereits im Geschäft bist oder wie alt Du bist. Ich will wissen, ob Du bereit bist, das Risiko einzugehen, von Anderen belächelt zu werden, nur weil Du Dich weigerst, Deine Träume klein zu halten. Ob Du es wagst, Dich auf das Abenteuer des Unternehmertums einzulassen, mit all seinen Höhen und Tiefen, weil Du weißt, dass es Dein Lebensweg ist, der Deine Seele erfüllt. Es interessiert mich nicht, ob Du die perfekten Voraussetzungen hattest oder woher Du kommst. Ich will wissen, ob Du bereit bist, die schmerzhaftesten Tiefpunkte zu durchleben, ob Du die Lehren aus Deinen Stolpersteinen annehmen kannst, um daraus die Kraft zu schöpfen, Deine Resilienzwurzeln tiefer zu schlagen.

Kannst Du inmitten von Niederlagen bestehen, ohne den Glauben an Dich selbst zu verlieren? Kannst Du, wenn das Feuer lichterloh um Dich brennt, inmitten der Flammen stehen, ohne zurückzuweichen, weil Du weißt, dass dieses Feuer Dich stärker macht? Es interessiert mich nicht, wie viele Abschlüsse oder Zertifikate Du hast. Ich will wissen, was Dich im Innersten antreibt, wenn alles um Dich herum in Frage gestellt wird. Was hält Dich fest, wenn die Welt um Dich zusammenbricht? Wenn die Kunden ausbleiben, die Gewinne schmelzen – wer bist Du dann? Kannst Du in diesen Momenten das Feuer neu entfachen, mit Stolpersteinen als Treibstoff und der tiefen Überzeugung, dass Du erschaffen, dienen und verändern willst?

Es interessiert mich nicht, welche Titel Du trägst oder wie beeindruckend Deine Karriere ist. Ich will wissen, ob Du aufstehen kannst, nachdem alles verloren scheint, ob Du in der Lage bist, nach einer Nacht der Zweifel und Enttäuschungen aufzustehen, weil Du weißt, dass Deine Arbeit etwas Größeres ist – etwas, das die Welt braucht. Kannst Du durch die Asche der Niederlage gehen und den neuen Tag begrüßen, bereit, wieder anzupacken, weil Dein Lebensweg Dich immer weiterführt? Es interessiert mich nicht, wie viel Du besitzt oder wie weit Du gekommen bist. Ich will wissen, ob Du bereit bist, weiterzumachen, trotz aller Hürden, trotz aller Stolpersteine. Ob Du Dich in die Wildnis des Unbekannten traust und die Herausforderung annimmst, Deine Resilienzwurzeln noch tiefer in die Erde zu treiben. Ich will wissen, ob Du bereit bist, den vollen Einsatz zu geben – nicht nur für den Erfolg, sondern für die Erfüllung Deiner Lebensaufgabe. Und ich will wissen, ob Du, wenn alles still wird, mit Dir selbst im Reinen bist, wenn Du allein mit Deinen Gedanken, Gefühlen und Träumen dastehst. Ob Du in der Stille die Flamme deines inneren Feuers spüren kannst, die Dich antreibt, der Unternehmer oder die Unternehmerin zu sein, die nicht nur für den eigenen Erfolg und die eigene Erfüllung lebt, sondern für die Welt, die Du mit Deinem Wirken verändern willst.

Spürst Du dieses kraftvolle Ja? Dann folge ihm, und lass die Welt an dem teilhaben, was nur Du schaffen kannst. Vergiss dabei nicht: Es darf leicht sein.

Literatur

American Psychological Association (APA) (2012). *The Road to Resilience*. Washington, DC.

Antonovsky, A. (1997). *Salutogenese: Zur Entmystifizierung der Gesundheit*. DGVT.

Bauer, J. (2020). *Fühlen, was die Welt fühlt – Die Bedeutung der Empathie für das Überleben von Menschheit und Natur*. Karl Blessing.

Blickhan, D. (2018). *Positive Psychologie: Ein Handbuch für die Praxis* (2. Aufl.). Paderborn: Junfermann Verlag. ISBN 978-3-95571-832-9. Kapitel 7.4 „Everest-Ziele", S. 210–211.

Boeckh, A. (2017). *Methodenintegration in der Supervision – Ein Leitfaden für Ausbildung und Praxis* (2. Aufl.). Klett-Cotta.

Bucay, J. (2005). *Komm, ich erzähl Dir eine Geschichte*. Fischer Taschenbuch.

Buchacher, W., Kölblinger, J., Roth, H., & Wimmer, J. (2021). *Das Resilienz-Training – Mehr Sinn, Stärke und Motivation für Leben und Beruf* (2. Aufl.). Linde.

Cassinelli Vulcano, A. K. (2020). *Lachyoga Helpies für innere Stärke*. Helina.

Chopra, D. (2007). *Die sieben geistigen Gesetze des Erfolgs: Eine praktische Anleitung zur Erfüllung Ihrer Träume* (13. Aufl.). Goldmann.

De Bono, E. (2014). *Lateral thinking*. Random House UK Ltd.

Eker, T. H. (2010). *So denken Millionäre – Die Beziehung zwischen Ihrem Kopf und Ihrem Kontostand* (14. Aufl.). Heyne.

Ekman, P. (2016). *Gefühle lesen: Wie Sie Emotionen erkennen und richtig interpretieren*. Springer.

Frankl, V. E. (2006). *…trotzdem Ja zum Leben sagen. Ein Psychologe erlebt das Konzentrationslager*. Deutscher Taschenbuch Verlag (dtv).

Friesinger, T. (2018). *Die Welt der Gefühle und Emotionen, Werte und Bedürfnisse*. Bildungsinstitut für Empathie (Heft/Broschüre im Eigenverlag).

García, H., & Miralles, F. (2017). *Ikigai – Gesund und glücklich hundert werden*. Goldmann.

Gottman, J. M., & Silver, N. (2011). *Die Vermessung der Liebe: Vertrauen und Betrug in Paarbeziehungen*. Carl-Auer.

Grüber, I. (2021). *Resilienz – Dein Körper zeigt Dir den Weg* (1. Aufl.). Irisiana (Penguin Random House Verlagsgruppe).

Grunick, K., & Buchholz, L. (2021). *Entdecke Deine Körperintelligenz – Der Zugang zu deinem wahren Energiepotenzial*. Gräfe und Unzer Verlag GmbH.

Haas, O. (2010). *Corporate Happiness als Führungssystem: Glückliche Menschen leisten gerne mehr*. Erich Schmidt.

Kiyosaki, R. T. (2001). *Rich Dad Poor Dad: Was die Reichen ihren Kindern über Geld beibringen*. FinanzBuch.

Kiyosaki, R. T. (2014). *Cashflow Quadrant: Rich Dad Poor Dad*. FinanzBuch.

Kiyosaki, R. T. (2023). *Wie Sie reich werden, ohne auf Ihre Kreditkarte zu verzichten: Wie Sie gute Schulden nutzen und schlechte vermeiden*. FinanzBuch.

Lovelock, J. E. (1987). *Gaia: Die Erde ist ein Lebewesen*. Birkhäuser.

Lowenfels, J. (2017). *Mycorrhizal planet: How symbiotic Fungi work with roots to support plant health and build soil fertility*. Chelsea Green Publishing.

Maercker, A., & Horn, A. B. (2013). *Posttraumatische Reifung: Grundlagen, Forschung und Anwendung.* Springer.

Mogi, K. (2022). *Ikigai – Die japanische Lebenskunst: Was uns wirklich erfüllt.* DuMont Buchverlag.

Moreno, J. L. (2001). *Psychodrama und Soziometrie: Essentielle Schriften.* EHP – Edition Humanistische Psychologie.

Mountain Dreamer, O. (2000). *Die Einladung.* Goldmann.

Peterson, C., & Seligman, M. E. P. (2004). *Character strengths and virtues: A handbook and classification.* Oxford University Press.

Rehwald, R. (2018). *Glück in Unternehmen – Positive Psychologie für Führung und Organisationsentwicklung.* Springer.

Robbins, A. (2021). *Das Robin-Power-Prinzip* (18. Aufl.). Ullstein.

Roth, W. (2021). *Die resiliente Führungskraft: Sich selbst und andere gesund führen.* Springer Gabler.

Schäfer, B. (2021). *Die Gesetze der Gewinner – Erfolg und ein erfülltes Leben* (28. Aufl.). dtv Verlagsgesellschaft.

Seligman, M. E. P. (2001). *Pessimisten küsst man nicht.* Knaur.

Seligman, M. E. P. (2005). *Der Glücks-Faktor: Warum Optimisten länger leben.* Lübbe.

Seligman, M. E. P. (2015). *Wie wir aufblühen – die 5 Säulen des Persönlichen Wohlbefindens.* Goldmann.

Speciani, F. (2019). *Pensar con el cuerpo.* Editorial del Nuevo Extremo S.L.

Watzlawick, P., Bavelas, J. B., & Jackson, D. D. (1969). *Menschliche Kommunikation: Formen, Störungen, Paradoxien* (2. Aufl.). Hans Huber. (Original work published 1967 as Pragmatics of Human Communication).

Wessbecher, H. (2003). *Entfalte Deine Bestimmung – Lebe so, wie es Dir entspricht und gefällt.* Heyne.

Wohlleben, P. (2015). *Das geheime Leben der Bäume: Was sie fühlen, wie sie kommunizieren – die Entdeckung einer verborgenen Welt.* Ludwig.

Zeilinger, A. (2005). *Einsteins Spuk: Teleportation und weitere Mysterien der Quantenphysik.* Goldmann.

The manufacturer's authorised representative in the EU is Springer Nature Customer Service Centre GmbH, Europaplatz 3, 69115 Heidelberg, Germany. If you have any concerns regarding our products, please contact ProductSafety@springernature.com

Printed and bound by CPI Group (UK) Ltd, Croydon, CR0 4YY

23/03/2026

02076396-0002